Von Stanesdorp nach Stahnsdorf
Karl Heinrich Schäfers Forschungen
zum Mittelalter in Stahnsdorf

Thomas Marin

Von Stanesdorp nach Stahnsdorf

Karl Heinrich Schäfers Forschungen zum Mittelalter in Stahnsdorf

Ein Beitrag zum 750. Jubiläum der urkundlichen Ersterwähnung Stahnsdorfs

*Bibliografische Information der Deutschen Nationalbibliothek:
Die Deutsche Nationalbibliothek verzeichnet diese Publikation
in der Deutschen Nationalbibliografie; detaillierte bibliografische Daten sind im Internet über http://dnb.dnb.de abrufbar.*

© 2014 Thomas Marin
*1. Auflage. Alle Rechte vorbehalten
Satz: Thomas Marin
Umschlag: Ronny Bereczki*

Herstellung und Verlag: BoD – Books on Demand, Norderstedt

ISBN: 978-3-7386-0898-4

Inhaltsverzeichnis

Vorwort   7

Von Stanesdorp nach Stahnsdorf
    Die Entstehung der Mark Brandenburg
    und die Kolonisation des Teltow unter
    den Askaniern   9
    Dorfgründung in der Frühzeit der Mark   12
    Deutsche und Slawen   17
    Zisterzienser in Stahnsdorf?   20
    Stahnsdorfer Besitzverhältnisse   24
    Wo lag das slawische Stahnsdorf?   27
    Petrus de Stanesdorp   29
    Die Dorfkirche   35
    Flügelaltar und Kirchenpatrozinium   47
    Marienfigur mit Jesuskind   49
    Drei oder vier Jungfrauen?   49
    Bernhard, Nikolaus oder doch Stanislaus?   52
    Auferstehungschristus und Anna selbdritt   57
    Seelsorge und Bildung   59
    Literatur   64

Karl Heinrich Schäfer – ein Portrait   66

Karl Heinrich Schäfers Forschungen zum Mittelalter
in Stahnsdorf
    Die geschnitzte Bilderbibel von
    Klein-Machnow und die hl. Barbara
    zu Stahnsdorf   75
    Peter von Stahnsdorf, der älteste ritterliche
    Akademiker des Teltow   81
    Hat die christlich-deutsche Kultur der Mark
    einmal aufgehört? - Eine historische
    Richtigstellung   83
    Märkische Kirchenpatrozinien   86

Vorwort

Die erste urkundliche Erwähnung Stahnsdorfs in einer Urkunde des Markgrafen Otto III. vom 17. November 1264 ist mangels einer eigentlichen Gründungsurkunde der Ausgangspunkt für alle Jubiläumsfeiern der letzten Jahrzehnte. Dabei ist einerseits bekannt, daß die Ursprünge länger zurückliegen, wie sich an der Bauweise des ältesten Gebäudes im Ort, der Dorfkirche, ablesen läßt. Darüber hinaus ist anzunehmen, daß das bis ins 15. Jahrhundert in Urkunden und Verzeichnissen aufgeführte slawische Dorf gleichen Namens schon vor der askanisch geführten deutschen Kolonisation des Teltow existiert hat.

Bei aller Unsicherheit über die Ursprünge sind doch einige Daten und Hinterlassenschaften über das mittelalterliche Dorf erhalten geblieben. Neben der genannten Urkunde und wenigen weiteren schriftlichen Zeugnissen ist dies vor allem die spätromanische Dorfkirche mit ihrem gotischen Flügelaltar. Durch die Restaurierungen der letzten drei Jahrzehnte, die auch im Jahr des 750. Ortsjubiläums nicht abgeschlossen sind, ist das Interesse an der Geschichte des Dorfes Stahnsdorf im Mittelalter gewachsen, wie auch die Mittelalterforschung insgesamt und eine Vielzahl von Ausstellungen und Publikationen in den letzten Jahren zunehmend Aufmerksamkeit gefunden haben.

Für Stahnsdorf fehlte bisher eine ausführlichere Würdigung dieser frühen Epoche, die nur am Rande und in breit in der Regionalpresse gestreuten Beiträgen thematisiert wurde. Das im Erscheinungsjahr dieser Arbeit begangene Ortsjubiläum hat nicht nur dieses Defizit deutlich gemacht. Vielmehr haben sich diverse Vermutungen über die mittelalterlichen Verhältnisse breit gemacht, die nach einer Korrektur verlangen. Neben einer allgemeinen Einführung zur Entstehung der Mark Brandenburg und der deutschen Kolonisation, in deren Zug Stahnsdorf gegründet wurde, sollen Fragen nach der Rolle der Zisterzienser, nach dem Patrozinium der Dorfkirche und den Figuren des Stahnsdorfer Flügelaltars, zur Lage des slawischen Dorfes und andere behandelt werden.

Ein Ausgangspunkt für diese Arbeit waren Veröffentlichungen des Potsdamer Mittelalterhistorikers Karl Heinrich Schäfer aus den 1920er und 1930er Jahren. Dieser auch aus der Sicht heutiger Historiker bedeutende Wissenschaftler vertrat, wohl auch durch seine Biographie bedingt, mit wissenschaftlicher Akribie und mutigem Auftreten Positionen, die dem heutigen Geschichtsbild näher sind als dem seiner Zeit. Zunächst evangelischer Theologe, studierte er Geschichte und trat durch die Begegnung mit dem mittelalterlichen Christentum zur Katholischen Kirche über. Wegen dieses Schritts vom preußischen Wissenschaftsbetrieb diskriminiert, forschte er zeitweise in Italien und war später Mitglied des Reichsarchivs in Potsdam. Während andere Kollegen als stramme Nationalsozialisten Karriere machten, war Schäfer konfessionell, politisch und wissenschaftlich in einer Minderheitenposition. Dies kostete ihn 1934 die Anstellung, später zunehmend die Publikationsmöglichkeiten und schließlich die Freiheit und das Leben. Am 29. Januar 1945 starb er im KZ Sachsenhausen. Mit der Wiederveröffentlichung seiner Artikel mit Bezug zu Stahnsdorf und einem kurzen Portrait soll dieser Blutzeuge, dessen Andenken ich diese Schrift widmen möchte, gewürdigt werden.

Danken möchte ich dem Leiter des Diözesanarchivs des Erzbistums Berlin, Dr. Gotthard Klein, für seine Unterstützung und manchen Hinweis, Propst Klaus-Günter Müller aus Potsdam für die Einräumung der Veröffentlichungsrechte für Schäfers Arbeiten, Ronny Berecki für die Umschlaggestaltung und meiner Frau Barbara für ihre Geduld und die Korrekturarbeit.

Stahnsdorf, zum 17. November 2014

Thomas Marin

Thomas Marin

Von Stanesdorp nach Stahnsdorf

Die Entstehung der Mark Brandenburg und die Kolonisation des Teltow unter den Askaniern

Das Gebiet zwischen Elbe und Oder war zu einer Zeit, als sich die zugleich christliche wie deutsche Kultur westlich der Elbe längst etablierte, lange Zeit von Slawen besiedelt, die im Zuge der Völkerwanderung auf die im 4./5. Jahrhundert abwandernden germanischen Sueben folgten. Erst im Jahr 928 eroberte Heinrich I. zum ersten Mal Brandenburg und versuchte, die Elbslawen als Tributpflichtige seinem Herrschaftsbereich einzugliedern. Sein Sohn Otto der Große errichtete 936 die Marken, Grenzregionen des deutschen Herrschaftsgebiets im slawisch besiedelten Raum. Mit der Gründung der Bistümer Brandenburg und Havelberg im Jahr 948[1] schuf Otto eine territorial umschriebene kirchliche Struktur, die der Befestigung des entstehenden Reiches und der Ausbreitung des Christentums unter den Slawen dienen sollte. Gleichzeitig entstand aus der früheren Sächsischen Ostmark in unserem Gebiet die Nordmark. Erster Markgraf wurde Dietrich von Haldensleben. Nach dem Urteil Thietmars von Merseburg gelang diesem jedoch die angestrebte Befriedung des Grenzraums nicht. Seine eigennützige und habgierige Regierung provozierte schließlich den Slawenaufstand von 983, der die deutsch-christliche Expansion für fast 150 Jahre weitgehend aufhielt. Karl Heinrich Schäfer hat darauf hingewiesen, „daß sich die Christen selbst über den Aufstand gefreut hätten und daß der Übermut des Markgrafen Dietrich (nicht die Feindschaft gegen die Kirche) den Anlaß zum Aufstand gebildet habe".[2] Eine eigentliche deutsche Siedlungs-

---

[1] Die Gründungsurkunde datiert vom 1. Oktober 948 ist aber umstritten. Möglich ist auch eine Gründung im Jahr 965.
[2] Vgl. unten, Schäfer: *christlich-deutsche Kultur der Mark*

bewegung hatte es zuvor noch nicht oder nur in Ansätzen gegeben. Bei der Betrachtung des Slawenaufstands muß davon ausgegangen werden, daß dieser nicht zu einem dauernden hermetischen Verschließen gegenüber christlichen und deutschen Einflüssen führte. Vielmehr gab es schon zuvor christliche Slawenführer wie den im Slawenaufstand führenden Abodriten Mstivoj (bei Schäfer Mistwoj), der laut Thietmar seinen Hofkaplan mit ins Feld nahm. Im Jahr 1000 war immerhin eine Wallfahrt Kaiser Otto III. nach Gnesen möglich, wo der Kaiser auf Wunsch des späteren polnischen Königs Boleslaw Chrobry ein Bistum errichtete.[3] Dennoch blieb die slawische Bevölkerung bis zur deutschen Kolonisation weitestgehend heidnisch.

Im für uns interessanten Gebiet der späteren Mittelmark war die Herrschaft zwischen den Hevellern mit dem Hauptsitz in Brandenburg und den Sprewanen mit Sitz in Köpenick aufgeteilt, zwischen deren Fürsten verwandtschaftliche Beziehungen bestanden. Für die beiden letzten Hevellerfürsten Meinfried (+ 1127) und Pribislaw-Heinrich (+ 1150) gilt als sicher, daß sie Christen waren. Pribislaws Frau Petrissa trug ihren Taufnamen vermutlich nach dem Brandenburger Bistumspatron Petrus.

Nachdem er bereits die Zauche als Patengeschenk an Otto, den Sohn des benachbarten Askaniers Albrecht, überschrieben hatte, vererbte der kinderlose Pribislaw-Heinrich, der sogar den Königstitel trug, mit seinem Tod im Jahr 1150 demselben als Albrecht der Bär bekannten Markgrafen der Nordmark und Grafen von Ballenstedt seinen Besitz und Herrschaftsanspruch. Während also weiter nördlich, im Gebiet der Prignitz und des heutigen Mecklenburg-Vorpommern, die deutsche Vorherrschaft kurz zuvor militärisch erreicht wurde, gab es im Bereich der Mittelmark zunächst einen friedlichen Übergang durch Erbschaft. Zwar wurde diese noch einmal durch einen Verwandten Pribislaw-Heinrichs, Jaxa von Köpenick, bestritten, nach einer durch Verrat erreichten Besetzung der Brandenburg durch Jaxa

---

3 Vgl. ebenda

Denkmal Albrechts des Bären, Zitadelle Spandau

setzte sich Albrecht jedoch im Jahr 1157 endgültig durch. Nachdem er schon seit etwa 1140 gelegentlich als Markgraf von Brandenburg bezeichnet wurde, benutzte Albrecht im Oktober 1157 erstmals selbst diesen Titel. Das Jahr 1157 gilt daher gemeinhin als Gründungsjahr der Mark Brandenburg. Von einer festen Umschreibung des Territoriums oder einer gesicherten Herrschaft konnte allerdings nicht die Rede sein. Vielmehr setzte nun ein Prozeß der Expansion, der Landgewinnung und Kolonisation, der Gründung von Städten, Dörfern, Klöstern und Pfarreien ein, der im 13. Jahrhundert auch von gelegentlichen militärischen Konflikten, etwa mit dem Erzstift Magdeburg und dem Markgrafen von Meißen in der Teltower Fehde, begleitet wurde.[4] Der Landesausbau der Mark blieb eine ostwärts gerichtete Bewegung, die von der Konkurrenz anderer Herrschaften mit gleichem Interesse geprägt war. Im Süden Magdeburg und Meißen, im Norden die Herzöge von Pommern, im Osten schließlich die späteren polnischen Könige waren an einer Ausdehnung ihres Territoriums und dessen Eingliederung in den Kreis des von Rom her geeinten Christentums interessiert.

---

4 Vgl. z.B. Hans-Joachim Schmidt: *Klöster, Stifte und Orden in der Mark Brandenburg*, in: Brandenburgisches Klosterbuch, Band 1, S. 18-46

Die bereits im 10. Jahrhundert gegründeten Bistümer wurden erneuert und mit der Heranführung von Siedlern aus den Stammbesitzungen der Grund für den Landesausbau nach deutschem Recht gelegt. Die kirchliche Macht der Bistümer, die eigentlich reichsunmittelbar waren, blieb vom Schutz durch den Markgrafen abhängig, der nie Vasall der Bischöfe war. Mit der Gründung von Klöstern, insbesondere der des zisterziensischen Hausklosters der Askanier in Lehnin, aber auch von Niederlassungen der Bettelorden in den Städten, kam ein weiterer wesentlicher Faktor der Gestaltwerdung der Mark hinzu.

Dorfgründung in der Frühzeit der Mark

Über die Dorfgründungen in der Mark Brandenburg liegen keine urkundlichen Überlieferungen vor. Eine rein militärisch-herrschaftspolitische Gestaltung des schrittweise gewonnenen Territoriums wäre aber ohne dessen wirtschaftliche Gestaltung ohne großen Wert gewesen. Um eine Vorstellung von den Dorfgründungsvorgängen zu gewinnen, kann nur auf Vergleiche mit benachbarten Landschaften in ähnlicher Zeit und Situation zurückgegriffen werden.

Neben der Sicherung durch Burgen und der Gründung von Städten war für die Kultivierung des dünn besiedelten Landes die Heranführung deutscher Bauern mit ihren Kulturtechniken und die Gründung von Dörfern notwendig. Organisatorische und Schutzfunktionen fielen den vom Markgrafen als Lokatoren beauftragten Ministerialen und Rittern zu, die ursprüngliche Gemeinschaftsbildung erfolgte über die Gründung von Pfarreien. Das doppelte Ziel der Eingliederung der Mark in den rechtlichen Rahmen des Heiligen Römischen Reiches durch die Dorfbildung und in den Rahmen der Katholischen Kirche durch Pfarrgründung wurde so erreicht.

Als eigentlicher Dorfgründer ist stets der anzusehen, der über das Land zu verfügen hatte. Angesichts der machtpolitischen Schwäche der Bischöfe kam hierfür nur der Markgraf selbst in Frage. Aus ihren altmärkischen Stammgebieten zogen die Askanier Angehörige des Dienstadels als Dorfgründer, Lokatoren, heran, denen in einem zugewiesenen Gebiet die Auswahl und Vermessung des Landes, die Heranführung von erfahrenen Bauern und einfachen Arbeitskräften aus dem Altreich und die Organisation des Dorfausbaus einschließlich der Abgabenordnung und der Integration der slawischen Bevölkerung oblag. Ihm wird üblicherweise die Funktion des Lehnschulzen und der zugehörige abgabenfreie Hufenbesitz – in Stahnsdorf waren dies vier Freihufen – zugefallen sein.[5]

Über die Person des Lokators ist praktisch nichts bekannt, bis auf die unten beschriebenen Spekulationen über die Person und Familie des Petrus de Stanesdorp. Das Dorf wurde durch Rodung von Wäldern, in sumpfigen Gegenden auch durch Trockenlegung gewonnen. Auch ein Aufsatteln auf bestehende Dörfer kam vor, im Falle Stahnsdorfs zeigt das parallele Bestehen des slawischen und deutschen Dorfes jedoch die Gründung auf unbewirtschaftetem Land an.

Die Ansiedlung um den Dorfanger mit der frühzeitig begonnenen Kirche sicherte die Gemeinschaft in wirtschaftlicher und religiöser Sicht, bot aber auch Schutz nach außen durch eine vermutliche Einfriedung der Höfe, auch wenn eine gezielte Anlegung eines Etters nicht anzunehmen ist. Der Hufenbesitz wurde nach Ertragskraft des Bodens wie den mitgebrachten Gerätschaften, Vieh und den Fähigkeiten der Bauern bemessen. Zwar lag mit der fränkischen Hufe ein in etwa feststehendes Flächenmaß vor, doch wird angenommen, daß es hier deutliche Abweichungen geben konnte. Im Fall von Stahnsdorf kann angenommen werden, daß die von einer Bauernfamilie bewirtschafteten Flächen im slawischen Dorf allein schon durch die überkommene Bewirtschaftungsweise kleiner waren als im deutschen Dorf, in dem von Beginn an z.B. mit dem eisernen Radpflug bessere Voraussetzungen bestanden. Die Unterschiede in der Bemessung der Abgaben könnten hier ihren

---

5   Vgl. Eberhard Schmidt: *Die Mark Brandenburg*, S. 65-71

Ursprung haben. Wie die slawischen Dörfer in die deutsche Hufenverfassung einbezogen wurden, ist aber nicht näher bekannt.

Der Hufenbesitz an Ackerland wurde nicht einzeln bewirtschaftet, sondern streifenweise zu Gewannen zusammengefaßt, die gemeinsam in Dreifelderwirtschaft bebaut wurden. Das Land des Lehnschulzen/Lokators und die Pfarrhufen wurden mit den Bauernhufen zusammengefaßt. Für Stahnsdorf wurden die drei Großfelder an der Grenze zur Teltower und zur Gütergotzer Feldmark sowie auf dem Lerchenschlag angelegt.[6] Hinzu kam die Allmende, gemeinsam genutzte Wälder und Weiden. Der jährliche Wechsel im Anbau von Wintergetreide (Roggen) und Sommergetreide (Hafer) sowie der Brache zur Erholung des nicht gedüngten Bodens war die vorherrschende Methode der mittelalterlichen Landwirtschaft. Der selbst malzende und brauende Krug in Stahnsdorf, anders als die meisten Krüge, die ihr Bier aus der Stadt bezogen, läßt auch auf den Anbau von Gerste in Stahnsdorf schließen.

Neben den Bauern wurden Kossäten angesiedelt, die keinen Hufenbesitz erhielten, sondern in der Regel nur etwas Gartenland. Sie wie auch ggf. slawische Altbewohner wurden in die Bestellung der Felder eingebunden. Die Kossäten hatten Abgaben an die Bauern zu leisten. In Stahnsdorf sind für 1375 zehn Kossätenhöfe belegt, von denen je 8 Pfennige zu zahlen waren.[7]

Die Abgaben der Bauern an den Grundherrn setzten sich aus Pacht, Zins und Bede zusammen. Die Pacht war der ursprüngliche Kirchenzehnt, der seit einem Kompromiß im Zehntstreit aus dem Jahr 1237 dem Markgrafen zustand[8] und in Naturalien abzuliefern war. Der Zins war die Abgabe, die für die

---

6 Stahnsdorfer Heimatverein e.V. (Hrsg.): *Geschichte(n) aus 750 Jahren Stahnsdorf*, 2014, S. 12
7 Vgl. Fidicin, *Landbuch*, S. 46
8 Vgl. Johannes Schultze: *Das Landbuch der Mark Brandenburg von 1375*, Brandenburgische Landbücher Band 2, Berlin 1940

Nutzung des Grundbesitzes an dessen Eigentümer abzuführen war. Der Bauer war nicht Eigentümer, sondern lediglich Nutzer des Landes. Als Eigentümer kamen neben dem Markgrafen der Bischof und die Klöster der Mark in Frage, wo diesen ein Dorf als Eigentum übergeben wurde.[9] Die Eigentumsrechte konnten an Vasallen verlehnt werden, wie dies für Stahnsdorf im 15. Jahrhundert an die Ritterfamilie von Hake geschah. In diesen Fällen waren die Abgaben an den Lehnsherren abzuführen. Schließlich war die Bede als direkte Steuer abzuführen. Ursprünglich als vom Landesherrn erbetene (daher der Begriff Bede) Unterstützung in besonderen finanziellen Notlagen wie Krieg, aber auch bei besonderen Festen wie landesherrlichen Hochzeitsfeiern gedacht, wurde die Bede zu einer ständigen Abgabe. Durch Bedeverträge geregelt, war die Bede planbar und schränkte gleichzeitig etwa die Verpflichtung der Bauern zum Heeresdienst ein.[10] Von den Abgaben befreit waren in der Regel die Pfarrhufen, die zum Unterhalt des Pfarrers und der Kirche gedacht waren, und die Freihufen, die dem Lehnschulzen oder einem ritterlichen Grundherren zukamen, der seine Verpflichtungen dem Landesherrn gegenüber in anderer Weise zu leisten hatte.

Mit der Dorfgründung verbunden war in der Regel die Gründung einer Pfarrei, die die Ausübung der mitgebrachten Religion der Neusiedler und die Christianisierung der Altbevölkerung sicherte, aber auch die Eingliederung in den reichsweiten und europäischen Zusammenhang der Kirche sicherte.[11] Zu welchem Zeitpunkt eine Pfarrei kirchenrechtlich errichtet wurde, wann im Zuge der Dorfgründung ein Priester entsandt wurde, ist nicht bekannt. Anzunehmen ist ein sehr früher Zeitpunkt, ist doch angesichts der Strapazen der Rodung und der

---

9 Vgl. Eberhard Schmidt: *Die Mark Brandenburg*, S. 90f
10 Vgl. Kersten Krüger: *Die Landständische Verfassung*, München 2003, S. 4
11 Vgl. Heinz-Dieter Heimann: *Frühe Kirchen – gebaute Zeugen*, In: Kirchen des Mittelalters in Brandenburg und Berlin, Petersberg 2007, ISBN 978-3-86568-254-3, S. 11f

Dorfkirche mit Apsis und eingezogenem Chorquadrat

möglichen Bedrohung durch Altbewohner nicht anzunehmen, daß die Siedler ohne seelsorglichen Beistand und Versorgung durch die Sakramente der Kirche losgezogen sein sollten. Da die Kolonisation durch die christlich motivierte Weltaneignung und -gestaltung bestimmt und zur Verkündigung des christlichen Glaubens gedacht war, werden Priester mit den Lokatoren und den Siedlern mitgezogen sein. Die exakte Einhaltung liturgischer Vorschriften (etwa die nach den damaligen Möglichkeiten exakte Ostung) beim Bau der frühen Kirchen stützt diese Annahme.

Mitunter konnte die Kirche eines Dorfes für einen größeren Raum Mutterkirche sein. Dies gilt nicht nur für die städtischen Erzpriestersitze, sondern auch für die Pfarrkirchen, die die Seelsorge auch für die Umgebung sicherten. Für Stahnsdorf ist bekannt, daß der Pfarrsprengel noch Jahrhunderte nach der Reformation bis an den Wannsee reichte und neben Kleinmachnow, das ursprünglich wohl nur ein befestigter Punkt am Bäkeübergang war, auch Sputendorf zur Pfarrei gehörte, obwohl es dort eine eigene Kirche und Pfarrhufen gab. Vermutlich saß dort ein eigener Hilfsgeistlicher.

Deutsche und Slawen

Das Geschichtsbild von der Entstehung der Mark Brandenburg ging bis weit in das 20. Jahrhundert, nicht zuletzt durch die populären Reisebeschreibungen Theodor Fontanes, davon aus, daß die spätere Mark vor der deutschen Kolonisation entweder weitgehend menschenleer oder dünn besiedelt von kulturell unterentwickelten Slawen war. Diese seien vor allem Jäger gewesen, hätten für den Ackerbau weder ausreichendes Wissen noch Gerät gehabt und hätten ihre heidnischen Kulte in Abwehr des durch die deutschen Siedler gebrachten Christentums gewaltsam verteidigt. Die vorherrschende Kulturträgertheorie, nach der die Deutschen erstmals Zivilisation und Kultur brachten, war teilweise mit der Vorstellung verbunden, die überlegene deutsche Kriegsmacht hätte die Slawen vertrieben oder vernichtet, so daß die Kolonisation in quasi leerem Raum stattgefunden hätte. Bestehende slawische Dörfer, wie das slawische Stahnsdorf, hätten demnach nur noch vorübergehend existieren können, deren Bevölkerung hätte der deutschen weichen müssen.

Mit unterschiedlicher Schärfe wurde dieses Bild in wissenschaftlichen, noch mehr in populären Schriften verbreitet. Einer der bedeutendsten Vertreter der Kulturträger- und Vertreibungstheorie war Willy Hoppe. Dieser war nicht nur in der Zeit der Weimarer Republik Vorsitzender des „Vereins für die Geschichte Brandenburgs" und Begründer der brandenburgischen Landesgeschichte an der Berliner Universität, deren Rektor er bis 1945 war. Der überzeugte Nationalsozialist war auch wissenschaftlicher Gegenspieler Karl Heinrich Schäfers, der in vielen Artikeln gegen das herrschende Geschichtsbild anschrieb, das die Slawen ebenso abschätzig beurteilte wie die weltkirchlich organisierte Katholische Kirche und ihre Wirkungen im Mittelalter.

Schon in den 1920er Jahren wies Schäfer darauf hin, daß der Slawenaufstand von 983 nicht primär gegen das Christentum gerichtet war, sondern gegen den ottonischen Expansionsdrang und den Regierungsstil des Markgrafen Dietrich. Die Führungsschicht vieler Slawenstämme war lange vor der deutschen Kolonisation bereits getauft und zum Teil selbst bemüht, das Christentum bei der tatsächlich weiterhin heidnischen Bevölkerung zu verbreiten. Abodriten- und Hevellerfürsten waren bereits Christen, ebenso der polnischstämmige Sprewanenfürst Jaxa von Köpenick, der 1150 die Machtübernahme der Askanier noch einmal aufhielt.

Tatsächlich betrieben die Slawen Ackerbau, wenn auch vermutlich nicht in der fortschrittlicheren Form der Dreifelderwirtschaft und mit einfacheren Geräten, die nicht den Ertrag ermöglichten, den die deutschen Siedler mit dem eisernen Radpflug und einer guten Ausstattung mit Zugtieren erzielten. Die räumliche Nähe vieler deutscher Dorfgründungen bei langjähriger paralleler Existenz und die ebenfalls vorkommende Aufsattelung deutscher Ministerialen auf slawische Dörfer oder der Zuzug deutscher Bauern in bestehende slawische Dörfer[12] läßt nicht annehmen, daß dieser Vorgang auf hartnäckigen Widerstand getroffen sein wird. Vielmehr mußte es im Interesse der Lokatoren liegen, die vorhandenen Arbeitskräfte bei der Kultivierung des Landes und der Umstellung auf die deutsche Wirtschaftsweise zu nutzen. Weiter bestehende Dörfer wie das slawische Stahnsdorf wurden in die Hufenverfassung einbezogen. Durch Bodenverhältnisse oder Wirtschaftsweise bedingte Unterschiede im Ertrag des Landes oder der Größe der von einem Bauern bewirtschafteten Hufe scheinen in der Abgabenordnung berücksichtigt worden zu sein, wie die geringere Zins- und Pachtlast im Stahnsdorfer Beispiel nahelegt.

---

12 Vgl. Eberhard Schmidt: *Die Mark Brandenburg*, S. 68

Eine Vernichtung der Slawen hätte ein kriegerisches Vorstoßen der Kolonisten vorausgesetzt, das wenigstens im eigentlichen Einflußbereich der Askanier nicht zu erkennen ist. Spätere Konflikte hatten in der Regel benachbarte Herrschaften zum Gegner und Grenzstreitigkeiten zum Anlaß. Eine Vertreibung der Slawen wäre wirtschaftlich unsinnig gewesen. Hätte sie dennoch stattgefunden, wäre die Existenz einer Vielzahl bis heute erhaltener slawischer Orts-, Flur- und Landschaftsnamen nicht zu erklären. Das gleiche gälte für die Übernahme einer menschenleeren Landschaft. In beiden Fällen hätten die Siedler Bezeichnungen aus ihrer Heimat mitgebracht, wie andere Siedlungsvorgänge, etwa in Nordamerika, beispielhaft zeigen.

Es ist wahrscheinlich, daß die slawische Bevölkerung in relativ kurzer Zeit das Christentum und die wirtschaftlichen Vorteile einer entsakralisierten Natur übernahm. Religiöse Spannungen hätten mit Sicherheit zu einer größeren Zahl christlicher Märtyrer geführt, die entsprechend verehrt worden wären. Bis auf wenige Beispiele, wie den Mord am Lehniner Abt Siebold, fehlen Hinweise auf derartige Auseinandersetzungen. Die Slawen werden sich mit der deutschen Bevölkerung vermischt und assimiliert haben. Die deutsche Sprache wurde übernommen, doch gingen diverse slawische Lehnworte in den Wortschatz ein. Auch eine Vermischung von Mentalitäten ist gelegentlich vermutet und als hilfreich für die Gemeinschaftsbildung angesehen worden.[13] Das slawische Stahnsdorf verschwand, ob wirtschaftliche Gründe, ein Brand oder schlicht das Aufgehen im deutschen Stahnsdorf den Grund hierfür bildete, wird nicht festzustellen sein, solange keine Bodenfunde vorliegen.

---

13 Vgl. ebenda, S. 59f

Zisterzienser in Stahnsdorf?

Erst in der zweiten Hälfte des 20. Jahrhunderts verbreitete sich über die früheste Geschichte Stahnsdorfs die Meinung, Zisterziensermönche aus dem Kloster Lehnin hätten im Zuge der Kolonisation und Christianisierung des Teltow hier gewirkt und wären als Baumeister der Dorfkirche anzusehen. Inspiriert wurde diese Annahme möglicherweise durch Theodor Fontanes „Wanderungen durch die Mark Brandenburg".[14] Inzwischen findet sich diese Aussage auf nahezu allen Internetseiten, die sich mit der Stahnsdorfer Dorfkirche befassen, und in gedruckter Form, zuletzt in der Festschrift zum 750-jährigen Ortsjubiläum.[15]

Die Chronik des evangelischen Pfarrers Martin Koller, der bis 1944 in Stahnsdorf wirkte und neben der Dorfkirche begraben ist, erwähnt die Zisterzienser weder im Zusammenhang mit dem Kirchbau noch mit den Heiligen des Flügelaltars, von dem später noch reden ist.[16] Ähnlich verhält es sich mit der Festschrift zur 700-Jahr-Feier Stahnsdorfs im Jahr 1964. Weder Kollers Nachfolger Günter Kühn noch der Kleinmachnower Heimatforscher Dieter Mehlhardt erwähnen die Zisterzienser in ihren Beiträgen.[17] Hans-Joachim Warsinsky geht in seiner Ortschronik mit großer Selbstverständlichkeit davon aus, die Dorf-

---

14 in deren Band über das Havelland ein Kapitel über „Die Wenden in der Mark" enthalten ist, das aber viele nicht haltbare und widerlegte Aussagen enthält

15 Stahnsdorfer Heimatverein e.V. (Hrsg.): *Geschichte(n) aus 750 Jahren Stahnsdorf*, 2014, S. 26

16 Vgl. *Auszug aus der Stahnsdorfer Chronik über das kirchliche Leben der Gemeinde*, zusammengestellt von Pfr. Martin Koller, veröffentlicht von Burkhardt Petzold, Stahnsdorf 2014

17 Dieter Mehlhardt: *Aus Deutsch-Stanesdorp wurde Stahnsdorf* und Günther Kühn: *Unsere Dorfkirche* in: *Festschrift 700 Jahre Stahnsdorf*, 1964

kirche sei „von den Mönchen des Zisterzienser-Klosters Lehnin und den deutschen Ansiedlern aus Feldsteinen erbaut" worden.[18]

Die vermutete Tätigkeit des Ordens ist also jüngeren Datums und beruht sicher auf der Bedeutung, die das Kloster Lehnin als Hauskloster der Askanier für die Kultivierung und christliche Prägung der Mark hatte. Zudem verfügte das Kloster, auf der Zauche gelegen, schon im 13. Jahrhundert über ausgedehnte Besitzungen, nicht nur in der Umgebung des Klosters selbst und im Havelland, sondern auch auf dem Teltow, dem Barnim und sogar in der Neumark. In der Umgebung Stahnsdorfs war 1242 Ahrensdorf einschließlich der dortigen Mühle erworben worden. Im gleichen Jahr wurde Zehlendorf mit dem Schlachtensee und dem bald wüst gefallenen Slatdorp Lehniner Eigentum. Einige Rechte und Abgaben blieben jedoch vermutlich beim Markgrafen, der Zehnt wurde später hinzuerworben. Drewitz, auf der Grenze zwischen Zauche und Teltow gelegen, war bereits 1228 Klosterbesitz geworden und Gütergotz, das heutige Güterfelde, wurde 1263 im Tausch gegen die letzten neumärkischen Besitzungen Lehnins Teil des Klosterbesitzes.[19] Hier wurden allerdings nur die niedere und höhere Gerichtsbarkeit mit ihren Erträgen erworben. In der zweiten Hälfte des 13. Jahrhunderts war Stahnsdorf also im Norden, Westen, Süden und Südosten von Lehniner Klosterbesitz umgeben. Ein Interesse, diesen Besitz durch die Übernahme Stahnsdorfs abzurunden, könnte demnach theoretisch bestanden haben.

Dennoch gibt es keinen einzigen Beleg für ein Engagement der Lehniner Mönche in Stahnsdorf, das über die allgemeine Bedeutung der Zisterzienser für die Mark hinausgeht. Die Gründe hierfür sind naheliegend.

Als Albrecht der Bär im November 1170 starb, reichte das Gebiet, über das sein Sohn Otto I. als Markgraf herrschen konnte, zunächst bis zur Nuthe. In den Bistümern Brandenburg

---

18 Hans-Joachim Warsinsky, *Stahnsdorfer Ortschronik*, S. 10
19 *Brandenburgisches Klosterbuch*, Bd. 2, S. 772-774. 777

und Havelberg waren bis zu diesem Zeitpunkt eine große Zahl von Pfarrkirchen begründet worden.[20] 1170 wurde der Havelberger Dom geweiht, 1165 der Bau bzw. der Wiederaufbau[21] des Brandenburger Doms begonnen. Die Besiedlung des neuerworbenen Landes und die Errichtung von Pfarrkirchen ging also Hand in Hand und geschah ohne längere Verzögerung, da die Askanier in der Christianisierung des Landes auch einen bedeutenden Faktor zur Stabilisierung der wirtschaftlichen und politischen Verhältnisse sahen.

Stahnsdorf, unweit der Nuthe gelegen, wird bald nach 1170 in der nächsten Kolonisierungswelle begründet worden sein. Genaue Daten sind nicht ermittelbar, da für die Frühzeit der Mark Brandenburg keine Urkunden über Dorfgründungen existieren. Die Bauweise der Dorfkirche auf dem Dorfanger weist aber nach Meinung aller Fachleute auf einen Baubeginn um das Jahr 1200 und eine Fertigstellung noch im ersten Drittel des 13. Jahrhunderts hin. Konnten zu dieser Zeit die Lehniner Zisterzienser als Dorfgründer und Bauherren der Dorfkirche in Frage kommen? Dies ist im Wesentlichen aus drei Gründen zu bezweifeln.

Zunächst wurde das Kloster Lehnin im Jahr 1180 gestiftet und 1183 von Mönchen aus dem Kloster Sittichenbach besiedelt. Nach anfänglichen Schwierigkeiten, so wurde der Überlieferung nach der erste Abt Siebold von Slawen ermordet, wurde in der Zeit bis etwa 1190 die Aufgabe des Klosters erwogen. Erst ab 1191 stabilisierte sich die Gründung, und die Ausstattung des Klosters mit Grundbesitz durch die Askanier wurde mehrfach urkundlich bestätigt. Der eigentliche Aufbau des Klosters und der Klosterwirtschaft sowie die Kultivierung des Landes konnte also erst zu einer Zeit beginnen, in der die Dorfgründung Stahnsdorfs auf dem weit entfernten Teltow nach dem Baubefund bereits in Gang gesetzt wurde.

---

20 Eberhard Schmidt, *Die Mark Brandenburg*, S. 40
21 Vgl. Schäfer, *Hat die christlich-deutsche Kultur der Mark einmal aufgehört?*

Ein zweites Gegenargument ist in der Praxis der Askanier zu sehen, Dorfgründungen vor allem durch Ministerialen, also Angehörige des Dienstadels, aus ihrem Stammland betreiben zu lassen. Hier unterschieden sich die Askanier von anderen Herrschern, etwa den pommerschen Herzögen oder den schlesischen Piasten, die in umfangreicherem Maß Zisterzienserklöster zur Kultivierung ihrer Gebiete stifteten.[22] In solchen Fällen konnten die Klöster auch als Gründer von Bauerndörfern in Erscheinung treten. Für die Mittelmark gibt es für ein solches Vorgehen aber keine Hinweise.

Schließlich war bis zur Lockerung der grundsätzlichen Orientierung der Zisterzienserklöster auf den Betrieb der Klostergüter in asketisch strenger Eigentätigkeit der Mönche und Konversen der Besitz zinsender Dörfer als Grundherrschaft verboten. Erst 1208 hob das Generalkapitel des Ordens dieses Verbot auf, und die Klöster konnten neben den selbst betriebenen Grangien und Vorwerken Grundbesitz und andere Rechte erwerben, die entweder aus den Erträgen der Eigenwirtschaft oder aus Stiftungen finanziert wurden.[23] In der Folge wuchs auch im Umfeld Stahnsdorfs der Besitz der Lehniner Mönche. Das Jahr des stärksten Besitzzuwachses war 1242. Stahnsdorf wurde mit hoher Wahrscheinlichkeit vor der Aufhebung des genannten Verbots gegründet, wie sich aus dem Bau der Dorfkirche annehmen läßt.

Diese drei Argumente lassen ein Engagement der Lehniner Mönche in Stahnsdorf als nicht wahrscheinlich annehmen. Hinzu kommt, daß noch Jahrhunderte nach der Reformation die ehemaligen Klosterdörfer Zehlendorf, Drewitz und Gütergotz unter Umgehung des Stahnsdorfer Territoriums eine pfarrliche Einheit bildeten. Zudem war der Markgraf im Jahr 1299 im Besitz sowohl des slawischen wie des deutschen Stahnsdorf. Hier hätte also in den vorigen hundert Jahren eine Übertragung an

---

22 Vgl. Eberhard Schmidt, *Die Mark Brandenburg*, S. 98
23 Vgl. ebenda, S. 96

das Kloster und eine Rückübertragung stattgefunden haben müssen, wofür sich keine Anhaltspunkte finden lassen.

In der Summe kann man die Tätigkeit der Zisterzienser aus Lehnin als Lokatoren und Bauherren der Stahnsdorfer Dorfkirche ausschließen.

Stahnsdorfer Besitzverhältnisse

Urkundliche Hinweise auf die Besitzverhältnisse finden sich für Stahnsdorf erst mit dem Jahr 1299, also vermutlich 100 Jahre nach der Entstehung des Dorfes. Markgraf Hermann III., Mitregent seines Cousins Otto IV., überschrieb das slawische (Slavicum Stansdorp) wie das deutsche Dorf (Stansdorp) dem Brandenburger Bischof Volrad von Krempa und dem dortigen Domkapitel, zusammen mit dem Besitzrecht an Teltow, Giesensdorf, Heinersdorf, Ruhlsdorf, Schönow und Wendisch-Stolp. Die Überschreibung war eine Gegenleistung für die Auslösung des Schlosses Ziesar (pro redempcione Castri in Segesere) durch die Zahlung von 300 Mark Silber (Trecentas marcas Brandenburg. argenti) durch Bischof und Domkapitel. Um die Rückzahlung dieser außerordentlich hohen Summe zu besichern, sollten die genannten Orte an den Bischof fallen, falls der Markgraf ohne legitime Erben stürbe (Si nos sine filio legitimo et herede discedere).[24] Zwar hatte Hermann in Johann V. einen männlichen Erben, der aber 1317 mit nur 15 Jahren starb. Ob Stahnsdorf nun 1308 beim Tod Hermanns oder 1317 mit dem Erlöschen dieser Linie der Askanier in bischöflichen Besitz kam, läßt sich nicht genau feststellen. Allerdings bestätigte schon 1311 der Nachfolger Volrads, Bischof Friedrich von Plötzke, der Stadt Teltow die früher verliehenen Rechte.[25] Man wird also zu diesem Zeitpunkt Eigentumsrechte des Bischofs an

---

24 Riedel, XI, 205
25 Fidicin: *Territorien*, S. 26, nach Riedel, XI, 208

Teltow und vermutlich auch an den anderen in der Urkunde von 1299 genannten Orten annehmen dürfen.

Im Jahr 1349 belehnte der Falsche Woldemar die Herren Botho und Friedrich von Torgow mit Stahnsdorf und der wohl an der Nuthemündung gelegenen[26] Hakenmühle („Vnd haben on ouch gelegen met gutem willen dorch ores getruwn dinstes willen dat dorf zu Stanstorfe vnd haken mole ewelichen zu besitzen").[27] Verläßliches über die Besitzverhältnisse zu dieser Zeit kann aus der Urkunde dieses wenig später überführten Hochstaplers aber nicht abgeleitet werden.

Das Landbuch der Mark Brandenburg Kaiser Karls IV. vom Jahr 1375 listet beide Stahnsdorfs als vollständigen Besitz des Brandenburger Bischofs auf. Der Markgraf hatte hier keinerlei Besitzanspruch („Domins marchio nil habet").

Das deutsche Stahnsdorf hatte eine Größe von 36 Hufen, von denen sechs abgabenfrei waren. Zwei Freihufen standen dem Pfarrer zu, vier dem „Prefectus", also dem Lehnschulzen, der dafür das Lehnpferd zu halten hatte („sed tenetur ad equum pheudalem"). Alle Abgaben der dreißig Bauernhufen, die aus Pacht, Zins und Bede zusammengesetzt waren, wurden an den Bischof abgeführt, wofür der Schulze verantwortlich war. Jeder Hufen hatte als Zins 2 Schilling an den Grundherrn zu entrichten, zu denen weitere 4 Schilling als Bede kamen. Die Pacht, ursprünglich der Kirchenzehnt, den sich aber der Grundherr angeeignet hatte, wurde in Naturalien abgeliefert und betrug je vier Scheffel Roggen und Hafer. Die zehn Kossäten, die kein eigenes oder nur wenig Gartenland besaßen, hatten den Bauern jährlich 8 Pfennige zu entrichten. Stahnsdorf hatte einen Krug, der neben dem Schank- auch das Braurecht hatte. Der Krüger (Tabernator) zahlte jährlich 11 Schilling und braute und malzte seit alters ohne weitere Lasten oder Hindernisse (*Taberna dat XI solidos et tabernator ab antiquo brasium fecit*

---

26 Berghaus: *Landbuch*, Bd. 2, S. 545f
27 Riedel, XI, 155f

et siccauit et braxauit in Stanstorp, absque cuiuslibet impedimento et contradictione).[28]

Das slawische Stahnsdorf war mit 15 Hufen deutlich kleiner und die Größe der Hufen bzw. deren Ertrag war möglicherweise geringer als im deutschen Paralleldorf. Drei Hufen standen dem Schulzen zu, der drei Hühner und sieben Pfennige abzuliefern hatte, die als Kanne- und Houpenninge bezeichnet wurden. Für die anderen Hufen waren insgesamt je fünf Schilling zu zahlen.

Der einheitliche Besitz des Bischofs muß in den folgenden Jahren einem Wandel unterlegen haben, denn im Jahr 1435 belehnt der Markgraf Johann, der Sohn des ersten hohenzollernschen Kurfürsten, die Brüder Otto und Heinrich von Hake mit Machnow und Stahnsdorf, dem halben Sputendorf und anderem Besitz, den die beiden bereits von ihrem Vater Hans von Hake geerbt hatten.[29] Bereits im Jahr 1400 war ein Heinrich von Hake in Machnow erwähnt worden. Das Rittergut war zuvor unter den Familien von Quast und von Louwenberg aufgeteilt.[30]

Der Kurfürst muß also zuvor das deutsche Stahnsdorf vom Brandenburger Bischof übernommen haben, um es dann den Hakes als Lehen zu übertragen. Etwa um die gleiche Zeit muß auch das slawische Stahnsdorf an diese Ritterfamilie vergeben worden sein. Im Schoßregister vom Jahr 1450 findet sich unter der Nummer 49 der Vermerk: „Stansdorff haben dy Haken von myn hern zcu lehne", womit der Kurfürst gemeint ist. Beim slawischen Stahnsdorf war der Bischof Lehnsherr, Vasallen waren auch hier die Hakes.

Für das deutsche Stahnsdorf wurden 34 Hufen angegeben, zwei Hufen waren zu dieser Zeit wüst. Im Folgejahr wird zudem ein Schäfer für Stahnsdorf als neuer Berufsstand aufgeführt. Das slawische Stahnsdorf erscheint im Schoßregister von 1480

---

28 Fidicin: *Landbuch*, S. 46
29 Riedel, XI, 339
30 Vgl. Fidicin: *Territorien*, S. 104f

nicht mehr und wurde entweder verlassen oder mit dem deutschen Ort vereinigt. Die Feldmark wurde vermutlich mit der des deutschen Ortes vereinigt, denn Fidicin referiert aus späteren Hufentabellen, Stahnsdorf habe 46 schoßbare (abgabenpflichtige) Hufen gehabt, zu denen vier Pfarrhufen kamen. Dies entspricht in der Summe recht genau der Feldmark beider Orte.

Wo lag das slawische Stahnsdorf?

Über die Lage des untergegangenen slawischen oder wendischen Stahnsdorf sind verschiedene Vermutungen angestellt worden, bis in den 1930er Jahren scheinbare Sicherheit erreicht wurde, die allerdings etwas relativiert werden muß.

In einer Urkunde aus dem Jahr 1550 wird ein Grundbesitz des auf den Gut Beuthen sitzenden Otto von Schlabrendorf „vf der feltmarcke wendischen Stanstorf" genannt, der an die Gütergotzsche und Drewitzsche Feldmark stieß. Das wendische Stahnsdorf lag also nördlich von Gütergotz, westlich des deutschen Stahnsdorf und nordöstlich von Drewitz.

Aus einer Karte von Samuel de Suchodoletz aus dem Jahr 1683 erscheint in einer ähnlich beschreibbaren Lage die Bezeichnung „Damsdorf Wüste Feldmark". In der Annahme, es handle sich um eine verfälschte mündliche Überlieferung, wurde diese Wüstung mit dem wendischen Stahnsdorf identifiziert.[31] Diese Annahme schien derart plausibel, daß sie in das Historische Ortslexikon für Brandenburg („Damsdorf" statt Stahnsdorf, sicher Verwechslung)[32], Warsinskys Ortschronik („Wüste Mark Damsdorf", es handelt sich eindeutig um Wen-

---

31 Zuerst bei Berthold Schulze: *Statistik der brandenburgischen Ämter und Städte von 1540 – 1800*, Berlin 1935, S. 49, zit. nach Dehmlow, *Vergessene Dörfer*, S. 60
32 Lieselott Enders (Bearb.): *Historisches Ortslexikon für Brandenburg*, Teil 4, Teltow, Weimar 1976, S. 293

disch-Stahnsdorf)[33] und die aktuelle Ortschronik (Hier kann nur wegen einer falschen mündlichen Überlieferung das Wendisch-Stahnsdorf gemeint sein)[34] aufgenommen wurde. Dieter Mehlhardt war zum 700-jährigen Jubiläum der Meinung, daß damit ein langjähriger Irrtum ausgeräumt sei.

Ein noch heute als Freifläche in der Parforceheide zwischen Güterfelder Waldfriedhof und Autobahn erkennbares Grundstück südlich von Albrechts Teerofen wird auch in aktuellen Karten als „Wüste Mark" bezeichnet und könnte ein Rest der von Suchodoletz bezeichneten Feldmark sein.

Nun hat Friedrich Dehmlow in den 1960er Jahren eine ausführliche Untersuchung zu diesem „Damsdorf" vorgelegt und kommt zu dem Ergebnis, daß die Identifikation mit dem wendischen Stahnsdorf kaum haltbar ist. Eine ausführliche Darstellung der Argumente für die tatsächliche Existenz eines neun Hufen großen Dorfes Damsdorf in der Nähe der Bäkemündung in den Griebnitzsee, das auch auf Suchodoletz' Karte eingezeichnet ist, führt hier zu weit. Bodenfunde, die vor und bei den Bauarbeiten zu Neuer Kreisstraße, Teltowkanal, Wannsee- und Wetzlarer Bahn ergraben wurden, sowie Dehmlows eigene Funde weisen jedenfalls auf eine dortige Ansiedlung hin. Diese lassen das Dorf allerdings nicht als slawische, sondern als deutsche Siedlung aus der Kolonialzeit erscheinen. Brandreste lassen eine Aufgabe nach einem Feuer vermuten.[35]

Gegen die Identifikation dieses Dorfes mit Wendisch-Stahnsdorf spricht neben den Argumenten für ein Damsdorf auch die relativ große Entfernung von 5 Kilometern Luftlinie vom deutschen Stahnsdorf, während Drewitz nur 3, Stolp nicht

---

33 Hans-Joachim Warsinsky, *Stahnsdorfer Ortschronik*, S. 10
34 Stahnsdorfer Heimatverein e.V. (Hrsg.): *Geschichte(n) aus 750 Jahren Stahnsdorf*, 2014, S. 18
35 Vgl. hierzu Friedrich Dehmlow: *Vergessene Dörfer im Bezirk Zehlendorf – Untersuchungen über die wüste Mark Damsdorf und den Verlauf der Kolonisation des Mittelalters im Raume von Zehlendorf*, in: *Berliner Blätter für Vor- und Frühgeschichte*, Heft 2, 1963, S. 48-89

einmal 2 Kilometer entfernt liegt, und andererseits die Entfernung des deutschen Dorfkerns zu Gütergotz/Güterfelde deutlich geringer ist. Hinzu kommt die ungeklärte Frage, warum ein derartiges Doppeldorf wie Stahnsdorf sich auf zwei der drei begehbaren Bäkeübergänge (nämlich an der Bäkemündung beim heutigen Kohlhasenbrück und bei Kleinmachnow, neben dem Übergang bei Teltow) hätte verteilen sollen.

Es scheint, als müßte das wendische Stahnsdorf westlich oder nordwestlich des historischen Stahnsdorfer Dorfkerns gesucht werden. An die scheinbar sichere Identifikation mit der „Wüsten Mark" müssen jedenfalls Fragezeichen gesetzt werden. Ob es sich, wie die älteren Ortschronisten annehmen, „westlich vom deutschen Dorf, wahrscheinlich auf dem sogenannten »Stammfelde«"[36] befand, bleibt ebenso offen.

Petrus de Stanesdorp

Die erste urkundliche Erwähnung Stahnsdorfs verdanken wir dem Auftreten eines Mannes dieses Namens als Zeuge beim Verkauf des Dorfes Stargezer durch Markgraf Otto III. an das Brandenburger Domkapitel. Für 90 Mark Silber erwarben Dompropst Lambertus und das Kapitel am 17. November 1264 das 30 Hufen umfassende Dorf auf der Zauche, das sich an der Stelle des heutigen Neu-Plötzin befand[37], mit allen Rechten.

„Hujus rei testes sunt venerabilis pater, predictus dominus Henricus Brandenburgensis episcopus, magister Petrus dictus de Stanesdorp, clerici, Johannes de Rochove, Woltherus de Ponte, Henricus de Thene, milites, et alii quam plures clerici et laici" - „Zeugen dieser Angelegenheit sind der ehrwürdige Va-

---

36 Eugen Chill: *Bilder aus Stahnsdorfs Vergangenheit*, in: Unser Teltow. Heimatbeilage zum Teltower Kreisblatt, Nr. 2, 1937
37 An der Bundesstraße B1 zwischen Werder und Derwitz gelegen. Vgl. Josef Drabek, *Stargezere brachte Stanesdorp auf die historische Bühne*, Stahnsdorfer Ortsanzeiger 11/2007, S. 22

ter, der (in dieser Urkunde, Th.M.) vorgenannte Herr Heinrich, Bischof von Brandenburg, Magister Petrus genannt von Stahnsdorf, Geistliche, Johannes von Rochow, Walther von Ponte, Heinrich von Thene, Ritter, und viele andere, sowohl Geistliche als auch Laien."

Diesem Schlußsatz der Urkunde folgen nur noch das Datum und vier Siegel des Markgrafen, seiner Söhne und des Bischofs.

Der Text der Urkunde wird üblicherweise nach Riedels Urkundenbuch für die Mark Brandenburg aus dem Jahr 1847 zitiert[38], das den Text allerdings in einem für die Betrachtung des Stahnsdorfer Petrus bedeutenden Detail unvollständig wiedergibt, wie später gezeigt wird.

Zur Person des Petrus von Stahnsdorf schreibt der Berliner Stadtarchivar Ernst Fidicin: „Deutsch-Stahnsdorf, das in der Regel nur Stahnsdorf heißt, zuerst in einer Verschreibung des Markgrafen Otto vom Jahre 1264 für das Domkapitel zu Brandenburg gedacht, indem nämlich ein magister Petrus de Stanesdorp, also der Pfarrer des Dorfes Stahnsdorf, als Zeuge genannt ist."[39] Fidicin interpretiert dabei die offensichtlich herausgehobene Position, die Bezeichnung als Geistlicher und die Herkunftsangabe „de Stanesdorp" in der Weise, daß es sich nur um den Pfarrer von Stahnsdorf handeln könne. Allerdings ist Petrus in der Urkunde gerade nicht als Pfarrer (plebanus) bezeichnet, sondern nur als „clericus", Geistlicher. Dies geschieht ohne nähere Beschreibung und in der gemeinsamen Aufzählung mit dem Bischof von Brandenburg. Demgegenüber werden drei weitere Zeugen als „milites" - Ritter, bezeichnet und die Anwesenheit weiterer Geistlicher und Laien erwähnt. Unter den Geistlichen muß sich Petrus also besonders als namentlich benannter Zeuge angeboten haben.[40] Der Grund könnte in ei-

---

38 Riedel, VIII, 165f
39 Fidicin, *Geschichte des Kreises Teltow*, S. 133
40 Auch wenn das „clerici et laici" aus Riedels Transskription im Brandenburger Original nicht zu finden ist.

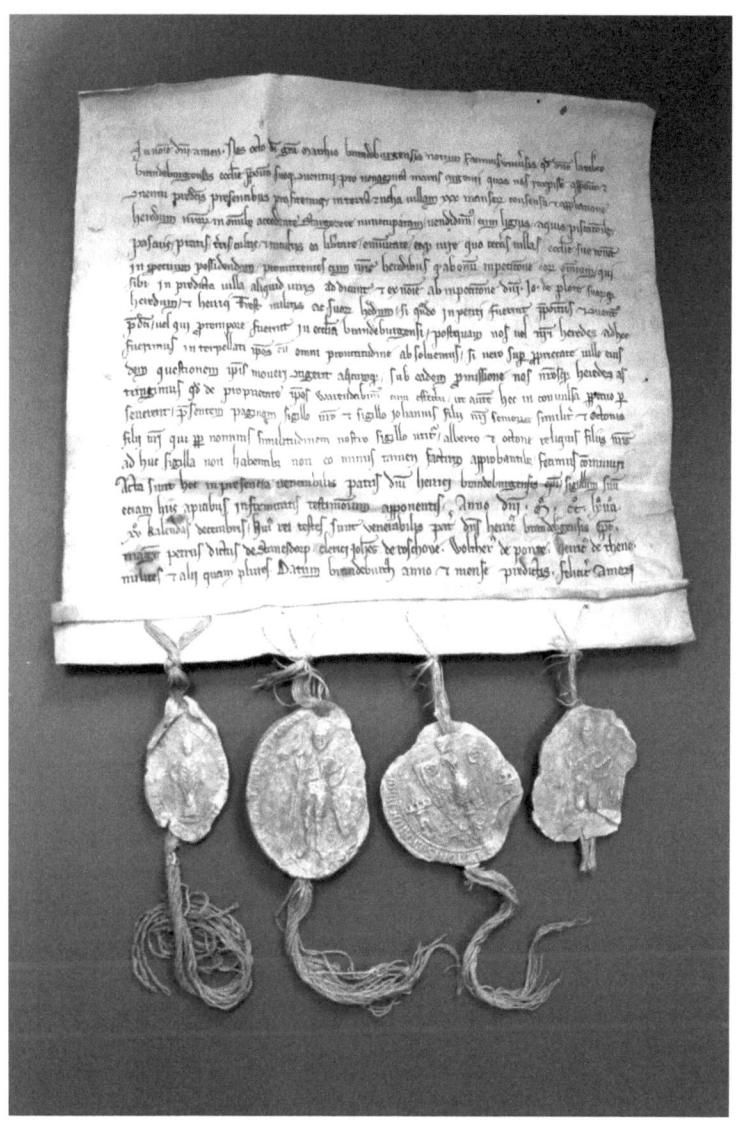

Urkunde über den Verkauf des Dorfes Stargezer, 17. November 1264.
Zeuge ist Magister Petrus dictus de Stanesdorp.
Foto: Peter Reichelt, Stahnsdorf

ner besonderen Funktion oder seiner Bildung bestanden haben, oder auch in einer besonderen persönlichen Beziehung zu einer der Parteien des Kaufvertrags.

Bleiben wir zunächst bei Fidicins Behauptung, Petrus sei der Pfarrer von Stahnsdorf gewesen, die sich in der Folge festsetzte, auch wenn manche spätere Heimatforscher vorsichtiger waren. Willy Spatz schreibt wenigstens „wahrscheinlich der Ortspfarrer"[41], während Dieter Mehlhardt diese Deutung gar nicht übernimmt[42]. Hans-Joachim Warsinsky hingegen schreibt „der Pfarrer aus Stahnsdorf" und spricht vom „kirchlichen Namen Petrus", was aber schlicht die lateinische Form des deutschen „Peter" ist.[43] Daß die Amtsbezeichnung des Pfarrers als „plebanus", also „Leutepriester", der nicht Stiftsherr, Mönch o.ä., sondern für die Seelsorge an der Bevölkerung zuständiger Geistlicher war, in zeitgenössischen Urkunden üblich war, kann durch diverse Beispiele belegt werden. Der erste namentlich bekannte Pfarrer des Teltow ist Symeon von Cölln, der 1237 als plebanus erscheint[44]. Viele Urkunden erwähnen Grundbesitz in Form von Pfarrhufen, die dem Pfarrer zustanden (plebanus habet).

Wäre Petrus also Pfarrer von Stahnsdorf gewesen, hätte ihn die hochrangig gesiegelte und bezeugte Urkunde sicher mit seiner Amtsbezeichnung aufgeführt. Ein zweiter Umstand spricht gegen diese Funktion und führt uns in der Frage nach der Identität des Petrus weiter. Gelegentlich wird, durchaus korrekt, darauf hingewiesen, daß das Wörtchen „de" in größerer Offenheit als „von" oder „aus" zu verstehen sei.[45] Diese Of-

---

41 Spatz, *Der Teltow*, 3. Teil, S. 270
42 Mehlhardt, *Aus Deutsch-Stanesdorp wurde Stahnsdorf*, Festschrift 700 Jahre Stahnsdorf, 1964; *Dorf des Stan wurde Stahnsdorf*, Brandenburgische Neueste Nachrichten, 17. 12. 1977
43 Hans-Joachim Warsinsky, *Stahnsdorfer Ortschronik*, S. 9
44 Vgl. Riedel, VIII, 154, nebenbei die erste Erwähnung der Doppelstadt (Berlin-)Cölln
45 etwa Josef Drabek, *Magister Petrus de Stanesdorp – Ortspfarrer, Hofmeister oder ...?*, Stahnsdorfer Ortsanzeiger, 2/2005, S. 23

fenheit schwindet allerdings, wenn man statt Riedels Transskription das Brandenburger Original der Urkunde betrachtet.[46] Dort steht eben nicht „magister Petrus de Stanesdorp" sondern „magister Petrus dictus de Stanesdorp", „genannt von Stahnsdorf" an Stelle des einfachen „von Stahnsdorf". Karl Heinrich Schäfer, dessen wissenschaftliche Arbeitsfelder das gesamte Mittelalter, in besonderer Weise aber das deutsche Ritterwesen (vor allem in Italien), die kirchlichen Strukturen im Mittelalter unterhalb der Bistumsebene und die Mark Brandenburg umfaßten, geht wegen der Bezeichnung als „dictus de", die typisch für märkische Adlige jener Zeit war, von einer ritterlichen Herkunft des Petrus aus.[47]

Wenn wir in Petrus den von Schäfer angenommenen (und einzig bekannten) Vertreter einer Adelsfamilie „von Stahnsdorf" sehen, dürfte er der Nachkomme des „Lokators" sein, der im markgräflichen Auftrag die Landvermessung und Dorfgründung vorgenommen hat und dafür mit dem vier freie Hufen umfassenden Lehnschulzengut belehnt wurde. Der Einsatz von Ministerialen aus den askanischen Stammlanden als Dorfgründer mit hoher Eigenverantwortung gehörte, wie oben gezeigt, zur Kolonisationsstrategie der Markgrafen. Wenn die nach dem Dorfgründer später „von Stahnsdorf" genannte Familie demnach nicht nur die Mittel für ein solches Gründungsunternehmen und die Heranführung von Bauern, sondern anschließend mit vier Freihufen auch eine bedeutende Einnahmequelle besaß, ist auch die akademische Bildung ihres Sprosses plausibel.

Petrus wird in der Urkunde als Magister bezeichnet, womit recht sicher ein Titel und keine Funktion gemeint ist. Völlig abwegig ist eine allgemeine Deutung dieses Titels als „Tätigkeit als Vorsteher, Vorgesetzter, Anführer, Aufseher, Meister im da-

---

46 Vgl. Riedel VIII, 166, möglicherweise weicht ein zweites, ausführlicheres Original, auf das sich Riedel bezieht, vom Brandenburger Original in diesen Details ab, wobei fraglich wäre, warum die umfangreichere Version gerade an dieser Stelle gekürzt sein sollte
47 Vgl. unten, Schäfer: *Peter von Stahnsdorf*

maligen Stahnsdorf"[48] Die übliche Übersetzung als Lehrer ist dabei noch nicht einmal berücksichtigt. Auch Josef Drabek weist darauf hin, daß der Begriff in verschiedenen funktionalen Zusammenhängen, etwa als Verwalter oder magister operis, also Werk- oder Baumeister, benutzt wird.[49] Alle diese Deutungen, denen man noch den Lehnschulzen als magister civium (Bürgermeister) hinzufügen könnte, würden aber kaum in einer derartigen Urkunde als Titel vor dem Namen verwandt worden sein. Drabeks Annahme, es könnte sich auch um den Verwalter eines Vorwerks der Zisterzienser handeln, läßt sich angesichts des in Stahnsdorf nicht vorhandenen Klosterbesitzes, wie oben gezeigt, kaum begründen.[50]

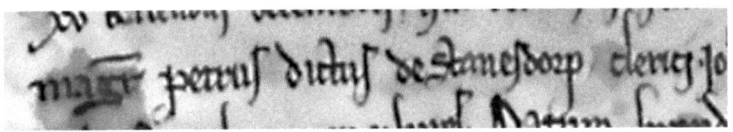

Detail der Urkunde vom 17. November 1264: „magister Petrus dictus de Stanesdorp", Foto: Peter Reichelt, Stahnsdorf

Plausibler scheint die Angabe des akademischen Grades, den Petrus an einer ausländischen Universität erworben haben muß, da die ersten Universitäten im deutschsprachigen Raum erst später entstanden. Schäfer hat in seinen Arbeiten über das Märkische Bildungswesen schon für das 13. Jahrhundert eine Anzahl Akademiker und an ausländischen Universitäten Immatrikulierter nachgewiesen.[51] Auch der in der Urkunde zeugende Bischof Heinrich besaß die Magisterwürde. In seinem Fall ist sie in unserer Urkunde nicht benannt, steht doch das Bischofsamt als geistliche Würde höher. Wir dürfen also Petrus als akademisch gebildeten Sproß einer ritterlichen Familie annehmen.

---

48 So in Stahnsdorfer Heimatverein e.V. (Hrsg.): *Geschichte(n) aus 750 Jahren Stahnsdorf*, 2014, S. 14
49 Josef Drabek, *Magister Petrus de Stanesdorp – Ortspfarrer, Hofmeister oder ...?*, Stahnsdorfer Ortsanzeiger, 2/2005, S. 23
50 ebenda
51 Vgl. Schäfer: *Bildungswesen*, S. 22f

So bliebe noch die Frage nach dem geistlichen Amt zu besprechen. Welche Weihestufe Petrus 1264 erreicht hatte, geht aus der Urkunde nicht hervor, er wird lediglich als Kleriker, also Geistlicher bezeichnet. Dies setzt zunächst nur den Empfang der Tonsur und damit den Eintritt in den geistlichen Stand voraus. Schäfer schlägt vor, die Urkunde kürze das Wort „clerics" ab, woraus bei Riedel „clerici", also Kleriker im Plural, werde. Drabek bemerkt zurecht, daß eine solche Aufzählung von nur zwei Geistlichen, von denen einer als Bischof näher bestimmt ist, seltsam wäre.[52] Schäfer weist auf die naheliegendere Auflösung der Abkürzung als „clericus", Kleriker im Singular, hin. Das Brandenburger Original scheint aber doch eher „clerici" zu lauten. Schäfer vermutet einen akademisch gebildeten Geistlichen mit Sekretärsfunktion aus dem Umfeld des Brandenburger Bischofs, der aus adliger Familie stammte. Nicht belegbar, aber möglich ist Schäfers Hinweis, es könnte sich bei Petrus dictus de Stanesdorp möglicherweise um den späteren Brandenburger Dompropst Petrus handeln, der zwischen 1272 und 1282 mehrfach ohne Familiennamen genannt wird.[53] In diesem Fall müßte er Mitglied des Prämonstratenserdomstifts geworden sein.

Die Dorfkirche

Schon in der Entstehungszeit des heutigen Stahnsdorf im Mittelalter ließ man sprichwörtlich die Kirche im Dorf. Als zentraler Bau der neuen Dorfgemeinschaft, die durch die mitgebrachte deutsche Kultur wie durch das Christentum geprägt war, wurde die Kirche auf dem Anger errichtet, um den sich die Ansiedlung gruppierte. Die Anfänge des Kirchenbaus reichen tatsächlich in die unmittelbare Gründungszeit des Dorfes zurück, das heißt, es wurde nicht zuerst gewirtschaftet, um später einen Kultbau zu errichten. Vielmehr war die Befestigung des

---
52 ebenda
53 Vgl. unten, Schäfer: *Peter von Stahnsdorf*

christlichen Fundaments der Dorfgemeinschaft Teil des ursprünglichen Gründungsvorgangs. Dabei war die Kirche Ort der gottesdienstlichen Versammlung wie der Glaubensunterweisung und christlichen Kultur, Repräsentant der Bedeutung des Dorfes und Schutzraum bei Bedrohung von außen.

Die Dorfkirche wurde nicht Zug um Zug als Erweiterung eines Anfangsbaus errichtet, sondern wie bei den meisten Kirchbauten der Kolonisationszeit sofort in ihren heutigen Ausmaßen und mit allen Bauteilen errichtet. Dafür sprechen in unserem Fall die durchlaufenden Steinschichten in den unteren vier bis fünf Reihen, die ohne Unterbrechung die Apsis, den Chor und das Kirchenschiff durchziehen.

Die Dorfkirche gehört der einfacheren Form der sogenannten vollständigen Anlagen märkischer Dorfkirchen an. An das rechteckige Hauptschiff schließt sich der eingezogene Chor mit quadratischem Grundriß an. Den Abschluß bildet die etwa halbrunde Apsis im Osten. Die Traufhöhen von Schiff und Chor sind gleich, die der Apsis beträgt etwa drei Viertel dieser Höhe. Der zu einer vollständigen Anlage gehörende schiffbreite Turm im Westen fehlt hier. Dieses Merkmal teilt die Stahnsdorfer Kirche mit der vermutlich zu gleicher Zeit entstandenen Güterfelder Dorfkirche. Wenn letztere auch noch im Mittelalter einen mächtigen Westturm erhielt, zeigt doch dessen Fassade deutlich die Umrisse des ursprünglich turmlosen Giebelabschlusses und die der späteren Epoche zuzuordnenden gröber behauenen Steine im Turmaufbau. Ähnlich alt und im Aufbau in vielen Details vergleichbar sind die vierteiligen Kirchenbauten in Berlin-Marienfelde und Waltersdorf. Für beide liegen dendrochronologische Untersuchungen vor, die den Einschlag der Dachhölzer auf 1218 und 1230 datieren.[54] Neben den Erkenntnissen aus dem Vergleich der Bearbeitungstechnik der Feldsteine läßt sich diese Einordnung auch als zusätzlichen Beleg für die bisher angenommene Bauzeit der Stahnsdorfer Kirche in den ersten drei Jahrzehnten des 13. Jahrhunderts anfüh-

---

54 Vgl. Ulrich Waack, Dorfkirchenbau und Ökonomie, S. 35

ren. Im Zuge der fortschreitenden Kolonisation östlich der Havel und Nuthe wird die Stahnsdorfer Kirche – ohne Turm – kaum später, vielleicht sogar etwas früher als die beiden östlicher gelegenen Kirchen mit Westturm entstanden sein, auch wenn Pomplun die Marienfelder Kirche als „unzweifelhaft die älteste aller Dorfkirchen auf dem Teltow"[55] ansieht. Allerdings ist der Turm kein Kriterium für eine zeitlich frühere Entstehung. Vielmehr sind die vollständigen Anlagen die frühesten, in die allerdings die dreiteiligen Anlagen einzubeziehen sind. Ausschlaggebend für den Zeitpunkt und den Umfang des Kirchenbaus scheinen ökonomische Gründe gewesen zu sein.

Mit 36 Hufen, zu denen die 15 des slawischen Stahnsdorf hinzuzurechnen sein dürften, war die Gründung kein kleines Dorf, verglichen mit etwas westlich liegenden Orten wie Neuendorf (Babelsberg, 9 Hufen) oder Stolp (16 Hufen). Der nach Südosten hin zunehmend lehmhaltige Boden bot guten Ertrag und enthielt zudem die für den Bau benötigten Granitsteine aus dem eiszeitlichen Geschiebe. Als Mutterkirche war die

Dorfkirche Stahnsdorf, eingezogener Chor und Apsis, Südseite

---
55 Kurt Pomplun: *Dorfkirchenbau auf dem Teltow*, S. 16

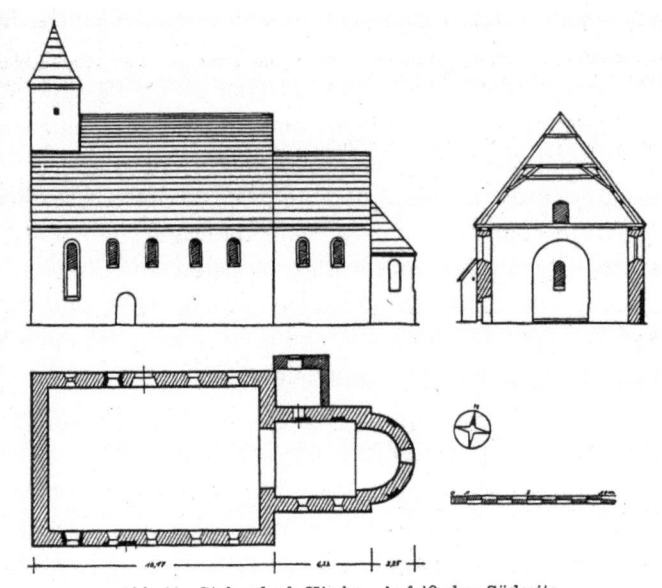

Abb. 11. Stahnsdorf, Kirche. Aufriß der Südseite, Schnitt durch das Schiff und Grundriß. (Zeichnung S. H a r d e r / Kreisinventar)

Stahnsdorfer Dorfkirche Zentrum eines Pfarrbezirks, der neben den beiden Stahnsdorfs und dem späteren Gut Kleinmachnow auch Sputendorf umfaßte und im Nordwesten bis an den Wannsee reichte. Für diese Pfarrei war, ebenso wie für das 43 Hufen große Gütergotz (Güterfelde), eine ansehnliche Kirche angemessen und ökonomisch vertretbar. Die Gründe für den Verzicht auf den markanten Westturm sind nicht genau bekannt. Allerdings wurden für den schiffsbreiten Turm einer vierteiligen Kirchenanlage mehr als 40 Prozent der bearbeiteten Steinquader benötigt. Die Baukosten waren demnach für eine Kirche mit Turm fast doppelt so hoch wie ohne diesen. Untersuchungen für den Barnim haben ergeben, daß dort dreiteilige Kirchen in Dörfern mit durchschnittlich 58 Hufen entstanden, während vierteilige Anlagen im Durchschnitt 78 Hufen große Dörfer zierten.[56]

---

56 Vgl. Ulrich Waack, Dorfkirchenbau und Ökonomie, S. 33

Gütergotz erhielt seinen Kirchturm zu einer Zeit, als das Dorf teilweise im Besitz des Klosters Lehnin war, das sich vielleicht finanziell engagierte. Die Stahnsdorfer Kirche blieb möglicherweise bis zur Wiederherstellung nach dem Dreißigjährigen Krieg oder gar bis ins späte 18. Jahrhundert ohne Turm. Wenn die erhaltene Glocke aus dem 15./16. Jahrhundert mit der Inschrift „o rex glorie xpe veni cum pace – O König der Herrlichkeit, Christus, komm mit Frieden" für Stahnsdorf gegossen wurde, wird es schon damals ein Glockengestühl oder einen Dachreiter gegeben haben. Über dessen Aussehen gibt es aber keinerlei Erkenntnisse.

Deutlichster Hinweis auf eine Entstehung der Kirche zu Beginn des 13. Jahrhunderts sind die exakt behauenen Granitquader. In der frühesten Phase der Kolonisation ist die Bearbeitung der vor Ort gefundenen Findlinge am genauesten.[57] Die Kanten wurden exakt winklig gehauen, die Flächen völlig eben bearbeitet. Die so entstandenen, gleich großen Steinquader wurden mit schmalen Fugen aneinandergesetzt und prägen so das Erscheinungsbild auch der Stahnsdorfer Dorfkirche. Über einem Fundament aus unbehauenen Feldsteinen mit eingeschlämmtem Lehm steigt das Mauerwerk in gleichmäßigen Reihen auf. Die unteren vier bzw. fünf Steinreihen gehen ohne Höhenunterschiede um die Bauwerkskanten und verbinden Schiff, Chor und Apsis. Darüber bleibt es bis zur Traufhöhe bei gleichhohen Steinen innerhalb der Reihen, die Höhe variiert allerdings von Reihe zu Reihe. An den Ecken des Schiffs und des Chors wurden ab der fünften Reihe auch größere Steine verbaut, die den gleichmäßigen Lauf der Reihen durchbrechen.

Die Giebelseite zeigt einen deutlich erkennbaren Bruch oberhalb der Traufhöhe des Kirchenschiffs. Auf der nordwestlichen Wandseite ziehen sich noch einige exakt gehauene Steineihen nach oben, dann geht das Mauerwerk in unregelmäßigere Steine über. Die Einfassung des verbretterten Turms ist im Vergleich zur sonstigen Bauweise der Kirche regelrecht primi-

---

57 Vgl. Pomplun, a.a.O., S. 5

tiv, aus scheinbar vollkommen unbearbeiteten Steinen zusammengesetzt. Während des Dreißigjährigen Krieges muß das Kirchenschiff ausgebrannt sein, wie die Restaurierung des Jahres 2012/13 zutage gebracht hat. In diesem Zusammenhang scheint der Giebel eingestürzt oder wenigstens so schwer beschädigt worden zu sein, daß er teilweise abgetragen wurde.

Der heutige Dachstuhl des Schiffs stammt aus der Zeit der Renovierung der Kirche unter Ernst Ludewich von Hake, die in einer Tafel an der Außenwand der Sakristei aus dem Jahr 1696 erwähnt ist. Das Eichengebälk über dem Chor stammt dagegen aus der Bauzeit der Kirche.[58] Den Ostgiebel des Kirchenschiffs, das durch den bis heute erhaltenen ursprünglichen Triumphbogen mit dem Chor verbunden ist, hat das Feuer offensichtlich nicht überwunden.

Die Verwendung von Steinen prähistorischer Grabanlagen für den Kirchbau wurde gelegentlich behauptet, läßt sich aber nicht belegen. Denkbar wäre eine Verwendung größerer Steine im Fundament der Kirche oder die Herkunft der größeren Ecksteine des Baukörpers aus Großsteingräbern. Grabfunde aus der Jungsteinzeit fehlen für Stahnsdorf in der Bodendenkmalliste des Landkreises Potsdam-Mittelmark. Ob die Grabfunde aus der Bronzezeit, am Mühlenberg und an der Bergstraße, ursprünglich mit Steinen markiert waren, ist ebenfalls nicht feststellbar. Die in der Kirche verbauten Feldsteine scheinen jedenfalls eine häufig auftretende und gute handhabbare Größe gehabt zu haben. Die bei Warsinsky erwähnten Hinweise Johann Christoph Bekmanns auf Großsteingräber sind nicht überprüfbar.[59] Unklar ist, auf welche Überlieferung sich Bekmann fast 500 Jahre nach der behaupteten Zerstörung stützt. Im Rahmen dieser Arbeit konnte dem nicht weiter nachgegangen werden.[60]

---

58 Vgl. Beate Richter: *Die Substanz erhalten. 749 Jahre alte Dorfkirche wird saniert*, lokal.report, Januar 2013, S. 20
59 Hans-Joachim Warsinsky, *Stahnsdorfer Ortschronik*, S. 6

Beliebtes Motiv: Titelseite des Katholischen Kirchenblatts für Berlin, Brandenburg und Pommern, 20. Oktober 1929

Wer den Bau bewerkstelligt hat, ist nicht festzustellen. Die Vermutung, Mönche des Lehniner Zisterzienserklosters hätten die Kirche erbaut, ist bereits oben ausgeschlossen worden. Die Ähnlichkeit der Bauweise, insbesondere in der Bearbeitung der Feldsteine, hat zu der Annahme geführt, statt des Lehniner Klosters könnte das Kloster Zinna bei Jüterbog einen stärkeren

---

60 Im nur flüchtig gesichteten Kapitel über die Altertümer der Mark, insbesondere der Großsteingräber, habe ich keine Erwähnung Stahnsdorfs finden können, Vgl. Johann Christoph Bekmann: Historische Beschreibung der Chur und Mark Brandenburg, Band 1, Berlin 1751, Zweiter Theil: Von den Alterthümern der Mark

Einfluß ausgeübt haben.[61] Tatsächlich ist die Zinnaer Klosterkirche als hervorragender Feldsteinbau eindrucksvoll. Man darf allerdings nicht übersehen, daß die Ausbreitung der Besitzungen Zinnas bis in den Barnim zu einer Zeit erfolgte, als Kirchen wie die Marienfelder und Waltersdorfer sowie mit höchster Wahrscheinlichkeit auch die Stahnsdorfer bereits vollendet waren. Noch 1230 stand das Fortbestehen der Zinnaer Abtei mit ihrer noch unvollendeten Klosteranlage auf der Kippe.[62] Zudem ist der Einfluß eines Klosters, das von den Magdeburger Erzbischöfen initiiert wurde, um der askanischen Südexpansion eine Grenze zu setzen, in der askanisch geführten Kolonisationsbewegung auf dem Teltow nicht eben plausibel.

Es ist anzunehmen, daß eine ganze Anzahl von Bauhütten oder auch nur kleiner Gruppen von Handwerkern für den Bau der zahlreichen Feldsteinkirchen zwischen Ostfalen und dem Barnim und bis nach Pommern hin verantwortlich war, die in der Technik der Steinbearbeitung und der Ausstattung mit Werkzeug vergleichbar qualifiziert waren. Der Vergleich der Marienfelder und Waltersdorfer[63], aber auch der Stahnsdorfer und Güterfelder Dorfkirchen zeigt eine Reihe von Gemeinsamkeiten, aber auch Unterschiede, die gegen den Einsatz derselben Bauhandwerker sprechen könnten.

Der wehrhafte Charakter der Dorfkirche wird neben der Westfront, die keinerlei Öffnung zeigt, vor allem durch die hochliegenden spätromanischen Fensteröffnungen erzeugt. Das Erscheinungsbild ähnelt noch dem Ursprünglichen und wurde nur geringfügig verändert, wobei auf der Nordseite breite Putzfaschen die Optik verändern. Die westlichsten der fünf Fenster wurden nachträglich vergrößert und inzwischen wieder dem ursprünglichen Aussehen angepaßt, unter Beibehaltung einer quadratischen Fensteröffnung im unteren Wandbereich. Der Chor verfügte ursprünglich auf beiden Seiten über je zwei

---

61 Vgl. Pomplun, a.a.O., S. 6f
62 Vgl. Brandenburgisches Klosterbuch, Band 2, S. 1360f
63 Vgl. Ulrich Waack, *Dorfkirchenbau und Ökonomie*, S. 35

Fenster, die denen des Schiffs gleichgestaltet waren. Auf der Nordseite des Chors wurden sie beim Anbau der Sakristei zugesetzt. Auch zwei der drei Apsisfenster waren bis nach dem zweiten Weltkrieg zugemauert, während das mittlere „unter Wahrung romanischer Abschlüsse ungeschickt verbreitert" wurde.[64] Wie die Nordfenster wurden die Apsisfenster mit Putzfaschen versehen und die Laibungen verputzt. Ob die Fenster in der Frühzeit bereits verglast waren, kann nicht festgestellt werden. Angesichts der Vielzahl und Größe der Wandöffnungen hätte dies einen großen finanziellen Aufwand bedeutet. Andererseits ist nicht anzunehmen, daß es bei insgesamt 17 Fenstern keinen Witterungsschutz gegeben haben sollte. Kurt Pomplun wies darauf hin, daß sich in Großziethen und einigen Kirchen auf dem Barnim Reste ursprünglicher Verglasung und entsprechender Rahmen erhalten haben und daß Tafelglas keine Seltenheit war.[65]

Von Anfang an hatte die Kirche drei Eingänge. Im Kirchenschiff liegen sich Türen auf der Nord- und Südseite gegenüber, wobei das Südportal lange vermauert war und erst bei der Restaurierung des Jahres 1983 geöffnet wurde. Das Nordportal zeigt erste Ansätze einer gotischen Spitze, während die anderen Pforten romanische Rundbögen haben. Die alte Priesterpforte liegt in der Nordseite des Chores und führt in die nachträglich angebaute Sakristei. Dies ist insofern überraschend, als die Mehrheit mittelalterlicher Dorfkirchen (im Barnim etwa zwei Drittel) die Priesterpforte im Süden hat. Südlich der Kirche befindet sich auch das heutige Pfarrhaus, wobei es keine Hinweise darauf gibt, daß der Sitz des Pfarrers im Mittelalter auf der Nordseite des Angers gewesen sein sollte.

Oft als Wehrkirche bezeichnet, sollte man nicht annehmen, die Stahnsdorfer Kirche wäre für längere Belagerungszustände als Zufluchtsort gedacht gewesen. Dennoch wird sie Schutz bei kurzzeitigen Bedrohungen geboten haben. Üblicherweise wur-

---

64 Vgl. Pomplun, a.a.O., S. 31
65 ebenda, S. 8

Chor und Apsis mit Flügelaltar, Sakramentsnische, Wappenbank (Patronatsgestühl), Weihekreuz und Epitaph

den die Kirchtüren mit Wehrbalken von innen gesichert. Im geöffneten Zustand wurden die Wehrbalken in lange Riegellöcher geschoben. Am Westportal der benachbarten Güterfelder Dorfkirche (das aber möglicherweise erst beim nachträglichen Bau des Turmes in gotischer Form entstand) und in Marienfelde sind die Riegellöcher bis in unsere Zeit erhalten geblieben.[66] Ob die im Güterfelder Kirchturm abgestellte alte Kirchentür aus dem Mittelalter stammt und zur Sicherung der Kirche diente, ist noch nicht untersucht worden.

Im Gegensatz zu Wehrkirchen, wie sie von den Kirchenburgen Siebenbürgens bekannt sind, fehlen den märkischen Dorfkirchen wesentliche Verteidigungsmöglichkeiten, wie etwa hohe Kirchhofsmauern. Auch sind bisher keine Brunnenanlagen gefunden worden, wobei einschränkend angemerkt werden muß, daß bei den Restaurierungen der Stahnsdorfer Kirche nur bis zu etwa einem halben Meter tief gegraben wurde.[67] Ge-

---

66 ebenda, S. 7
67 Freundlicher Hinweis von Herrn Peter Reichelt, Stahnsdorf

legentliche Behauptungen, es hätte einen Brunnen und Kellergewölbe zur Lebensmittellagerung gegeben, hängen insofern in der Luft und haben auch keine Parallele in anderen märkischen Dorfkirchen. Bei gleicher Gelegenheit die Schalluken des verbretterten Turms aus dem 18. Jahrhundert als typisch für einen Wehrturm zu bezeichnen, hat keinen Bezug zur Geschichte der Dorfkirche.[68] Dennoch ist anzunehmen, daß sich der Verteidigungsbedarf eher auf kleinere Überfälle und später auf das Raubritterwesen bezog, zumal weil sich die Kolonisation des Teltow nicht auf kriegerischem Weg vollzog.

Im Inneren der Kirche trennt bis heute der Triumphbogen das Kirchenschiff vom Presbyterium. Ob und in welcher Form es eine Chorschranke gab, ist nicht feststellbar. Die Kirche wurde von einem Bischof konsekriert. Sichere Zeugen dafür sind die erhaltenen Weihekreuze, die in den Putz geritzt und in braunroter Farbe gemalt sind. Von den ursprünglich zwölf Weihekreuzen sind acht erhalten. Zusammen mit Lilienornamenten und Schachbrettmustern wurden sie 1980 freigelegt und anschließend restauriert. Ebenfalls freigelegt wurde eine einfach Wandmalerei, die einen Weinstock darstellt. Sie wurde konserviert und 1983 wieder übermalt.

Die Weihekreuze markieren die Stellen, an denen bei der Kirchweihe durch den Bischof die Salbung mit Chrisam, dem geweihten Salböl, vorgenommen wurde. Mit Chrisam wurde bei gleicher Gelegenheit auch die Altarmensa gesalbt, die allerdings nicht erhalten ist. Bei den Weihekreuzen befanden sich auch die bei Hochfesten entzündeten Apostelleuchter, die in konsekrierten katholischen Kirchen bis heute ihren Platz bei den Weihekreuzen haben. Unter dem Putz wurden bei der Restaurierung Reste der Befestigungen dieser Leuchter gefunden.[69] Die Bedeutung der stilisierten Lilien und der Schach-

---

68 Vgl. etwa Beate Richter: *„Unsere" Kirche muss bald restauriert werden*, Stahnsdorfer Ortsanzeiger 03/2010
69 Peter Reichelt: *Mittelalterliche Wandmalereien in der Dorfkirche Stahnsdorf*, Stahnsdorfer Ortsanzeiger 05/2010

brettmuster[70] ist nicht klar, während sich der übermalte Weinstock auf Jesus Christus bezieht (Joh 15,5). Die gelegentliche Deutung der Lilien als Reinheitssymbol findet in der erhaltenen Ausstattung der Stahnsdorfer Dorfkirche keinen konkreten Bezugspunkt.

Die Belehnung der Ritterfamilie von Hake mit dem Gut Kleinmachnow und Stahnsdorf übernahmen diese vermutlich das Patronat über die Dorfkirche mit Unterhaltspflichten und Bestattungsrechten. Die Dorfkirche blieb über das Mittelalter hinaus auch für Kleinmachnow die zuständige Pfarrkirche mit Tauf- und Beerdigungsrecht, wie eine Auseinandersetzung aus dem Jahr 1832 um das Familienbegräbnis der Hakes in Kleinmachnow zeigt.[71] Bis zur Fertigstellung der Kleinmachnower Dorfkirche war die Pfarrkirche auch Grablege der Patronatsfamilie. Wie viele Personen hier beigesetzt wurden, müßte erst durch Ausgrabungen festgestellt werden. Zuletzt fand hier im Jahr 1590 Otto von Hake seine letzte Ruhestätte. Seine stark abgenutzte Grabplatte liegt vor dem Altar im Chorraum, meistens von einem Teppich bedeckt. Ein Epitaph an der Nordwand des Chors erinnert an ihn. Spätere Begräbnisse der Familie wurden in der um 1597 fertiggestellten Kleinmachnower Kirche bzw. dem dortigen Gruftanbau vorgenommen.

Wie die Grabdenkmäler für Otto von Hake stammen alle weiteren Ausstattungsstücke der Dorfkirche, z.B. die Patronatsbank (1580), die Taufschale (16./17. Jahrhundert) und die Kanzel (ca. 17. Jahrhundert), nicht mehr aus dem Mittelalter.

---

70 Vgl. Eberhard Bönisch: Zwischen Spydeberg und Stradow. Schachbrettsteine von Skandinavien bis zur Niederlausitz. In: Kirchen des Mittelalaters, Petersberg 2007, ISBN 978-3-86568-254-3, S. 116ff

71 Vgl. Frank J. Seider: Das Erbbegräbnis an der Kleinmachnower Dorfkirche, lokal.report, April 2014, S. 38ff

Flügelaltar und Kirchenpatrozinium

Unter dem Patrozinium einer Kirche ist die Schutzherrschaft eines oder mehrerer Heiliger zu verstehen, der das Gotteshaus bei seiner Weihe unterstellt und nach der es benannt wird.[72]

Für die Stahnsdorfer Dorfkirche ist das Patrozinium nicht bekannt. Urkunden und Abgabenregister geben, sofern sie überhaupt erhalten sind, hierzu keine Auskunft. Ohne jeden Zweifel hat ein Kirchenpatrozinium seit der Bauzeit bzw. seit der sehr frühen Konsekration der Kirche, von der die erhaltenen Weihekreuze zeugen, bestanden. Hinweise auf den Heiligen, dem die Kirche geweiht war, können in unserem Fall die Heiligen des spätgotischen Flügelaltars, des wichtigsten mittelalterlichen Ausstattungsstücks der Kirche, geben sowie – mangels anderer Hinweise wie Flurnamen der früheren Pfarrhufen – der Ortsname selbst. Eine sichere Zuordnung des Patroziniums ist dadurch zwar keinesfalls möglich, jedoch können verschiedene Vorschläge nach ihrer Wahrscheinlichkeit gewichtet und ggf. ausgeschlossen werden.

Der Flügelaltar der Stahnsdorfer Dorfkirche ist das bedeutendste Ausstattungsstück der Kirche und wird auf etwa 1430 datiert. Die ursprüngliche Altarmensa ist nicht erhalten; der heutige Altar ist viel später entstanden und hat mit dem Flügelretabel nichts zu tun. Der Rahmen ist nicht mehr original, sondern nachträglich, vielleicht nach den Verwüstungen des Dreißigjährigen Kriegs, in Renaissanceformen entstanden. Dementsprechend fehlen die auf den Außenseiten der Flügel bei einem derartigen Altar zu erwartenden Malereien.

Markant sind die fünf Figuren des Altars, der zudem von einem gotischen Kruzifix gekrönt wird. Die Hauptfiguren wurden von Schäfer als ortsständige Kunst angesehen, also als in der

---

72 Mehr zu Begriff und Brauch in Karl Heinrich Schäfer: *Mittelalterliche Kirchenpatrozinien*

Flügelaltar, Mittelfeld, ca. 1430

Region geschaffen.[73] Andere Vermutungen gehen von einer Herkunft aus Böhmen aus.[74]

Schäfer sah den Altar in den 1920er Jahren in unrestauriertem Zustand und beschrieb die Schnitzerei als „spätgotisch, noch nicht in Renaissanceform, aber nicht lange vor der Reformation, derb und sinnfällig gehalten, leider zu grob und ohne Sorgfalt übermalt."[75] Diesem Mangel haben Restaurierungen im Jahr 1983 und erneut im Jahr 2007[76] abgeholfen, so daß die Figuren nun in bestem Zustand und wiederhergestellter Farbfassung zu sehen sind.

Zu Schäfers Zeiten waren links und rechts vom Kruzifix zwei weitere Figuren aufgestellt, die hierhin weder gehörten noch paßten. Diese Darstellungen des auferstandenen Christus und der heiligen Anna haben heute andere Plätze in der Kirche gefunden.

---

73   Vgl. unten, Schäfer: *Die geschnitzte Bilderbibel von Klein-Machnow und die hl. Barbara zu Stahnsdorf*
74   Stahnsdorfer Heimatverein e.V. (Hrsg.): *Geschichte(n) aus 750 Jahren Stahnsdorf*, 2014, S. 26
75   Vgl. unten, Schäfer, a.a.O.
76   Vgl. z.B. Konstanze Wild: *Schlicht und doch eindrucksvoll*, in: Märkische Allgemeine vom 20. März 2007

Marienfigur mit Jesuskind

Zentrale Figur des Stahnsdorfer Altarschreins ist die Gottesmutter Maria mit dem Jesuskind. Umgeben wird Maria zu beiden Seiten von je einem Heiligen auf dem Mittelstück des Retabels und je einem weiteren auf den Seitenflügeln. Ein Marienpatrozinium ist daraus jedoch nicht abzuleiten, wurde die durch die gesamte Christentumsgeschichte entsprechend Lk 1,48 hochverehrte Mutter Jesu Christi doch häufig auf Altären dargestellt. Marienkirchen waren die Kloster- und Stiftskirchen der Zisterzienser und Prämonstratenser. Auch die ersten und Hauptkirchen größerer Städte der Mark tragen häufig Marienpatrozinien. Für ein relativ kleines Dorf ist ein so hochrangiges Patrozinium unwahrscheinlich, für eine Pfarrkirche aber auch nicht völlig auszuschließen. Allerdings ist Maria auf den Hauptaltären der Marienkirchen des Mittelalters in der Regel von den Zwölf Aposteln umgeben oder als Marienkrönung dargestellt, so daß hier kaum von einem Marienpatrozinium auszugehen sein wird.

Drei oder vier Jungfrauen?

Als Schutzheilige kommen daher vor allem die Heiligen zur rechten und zur linken Mariens in Frage. Rechts steht die heilige Katharina von Alexandrien, die als eine der vierzehn Nothelfer zu den populärsten Heiligengestalten des Mittelalters zählt. Es wäre also denkbar, daß die Stahnsdorfer Dorfkirche eine Katharinenkirche war. Über die Stellung im Altarretabel hinaus gibt es allerdings keinen weiteren Hinweis, der dafür sprechen würde. Gegen eine derartige Zuordnung spricht hingegen die Zusammenstellung der anderen Heiligen.

Links neben der Gottesmutter zeigt der Altar einen Bischof mit segnender Geste und in Pontifikalkleidung, über die noch zu sprechen sein wird. In den Seitenflügeln findet sich rechts die heilige Barbara und links eine weitere Heilige, die gemeinhin als heilige Dorothea identifiziert wird. Als Kirchenpatrone kommen die beiden letzten Heiligen aufgrund ihrer Stellung im Altar kaum in Frage. Barbara von Nikomedien gehörte wie Katharina von Alexandrien im Mittelalter zu den populärsten Heiligen, die in den verschiedensten Anliegen um Fürsprache bei Gott angerufen wurden. Beide sind im Stahnsdorfer Altar durch ihre typischen Attribute eindeutig zu identifizieren. Bei Katharina sind dies Rad und Schwert, bei Barbara der Turm, in dessen Fenster zudem ein Kelch mit Hostie zu sehen ist. Schwieriger ist die Identifikation der dritten Heiligen. Dorothea gehört wie die beiden vorgenannten Heiligen zu den Quattuor Virgines Capitales, den vier großen oder Hauptjungfrauen. Die vierte dieser Jungfrauen, die gerade im 15. Jahrhundert sehr häufig gemeinsam dargestellt wurden, wäre die heilige Margareta. Dorothea wird mit Krone und – fast ausnahmslos – einem Korb mit Blüten und Früchten dargestellt, der auf die Legende hinweist, nach der ihr Christus vor ihrer Hinrichtung einen solchen Korb gereicht und damit einen Spötter bekehrt habe.[77] Gelegentlich wurde Dorothea im Austausch gegen einen anderen Heiligen in Darstellungen der Vierzehn Nothelfer aufgenommen, zu denen die drei anderen Jungfrauen zählten.[78] Sollte mit der Figur im linken Altarflügel Dorothea gemeint sein, wäre das Henkelgefäß in der linken Hand als etwas unzulänglich dargestellter Blumenkorb anzusehen. Nicht ganz verständlich ist, warum die Attribute bei Barbara derart fein ausgearbeitet, bei Dorothea aber weder eine Korbstruktur noch Früchte oder Blüten angedeutet sein sollten.

Karl Heinrich Schäfer identifizierte die dritte Heilige als Maria Magdalena[79], wobei zu berücksichtigen ist, daß Schäfer den Flügelaltar in den 1920er Jahren in unrestauriertem Zustand gesehen hat. Das Attribut dürfte ihn eher an ein Salbgefäß er-

---

77 Vgl. *Christliche Ikonographie in Stichworten*, S. 100
78 Vgl. ebenda, S. 270
79 Vgl. unten, Schäfer: *Die geschnitzte Bilderbibel von Klein-Machnow und die hl. Barbara zu Stahnsdorf*

Heilige Barbara mit Turm, Kelch und Hostie

Dorothea oder Maria Magdalena?

innert haben, das ein typisches Kennzeichen Maria Magdalenas ist. Auch die Verbindung mit Katharina und Barbara kannte Schäfer mit Sicherheit aus einer Vielzahl von Darstellungen des 14. bis 16. Jahrhunderts. Im Motiv der Virgo inter Virgines, der Jungfrau unter Jungfrauen, war Maria häufig gerade von jenen drei Heiligen umgeben.[80] Man wird also nicht von einer sicheren Identifikation der linken Flügelfigur als Dorothea ausgehen können. Ob die weiblichen Heiligen nun im Zusammenhang der Quattuor Virgines Capitales mit Dorothea oder der Virgo inter Virgines mit Maria Magdalena aufzufassen sind, hat für die Frage nach dem Pfarr- und Kirchenpatrozinium nur eine untergeordnete Bedeutung. In beiden Fällen ist die hervorgehobene Stellung der fünften Figur bemerkenswert und dürfte darauf hinweisen, daß die Kirche diesem Bischof geweiht war.

---

80 Vgl. *Christliche Ikonographie in Stichworten*, S. 363

Bernhard, Nikolaus oder doch Stanislaus?

Vorab muß klargestellt werden, daß eine eindeutige Identifikation des Bischofs im Stahnsdorfer Flügelaltar nicht möglich sein wird. Eindeutig ist die Pontifikalkleidung, die in der hervorragend restaurierten Fassung gut zu erkennen ist. Über einem offenbar kostbar verzierten Untergewand, der Albe (auch wenn diese hier nicht weiß dargestellt ist), trägt der Bischof zunächst die deutlich erkennbare Dalmatik und darüber die Kasel. Die Kombination der liturgischen Gewänder des Diakons und des Priesters kam nur dem Bischof als Träger der vollen geistlichen Amtsgewalt zu. Die Figur stellt also eindeutig einen heiligen Bischof dar, der mit Stab und Mitra als bischöflichen Insignien ausgestattet, die rechte Hand mit segnender Geste erhebt. Weitere Attribute, die eine genaue Zuordnung ermöglichten, fehlen.

In den letzten Jahren gab es verschiedene Vorschläge dafür, welcher Heilige, mithin der Kirchenpatron, denn sein könnte. Ich möchte an dieser Stelle mit dem in letzter Zeit häufig angegebenen Heiligen beginnen, der, wie gezeigt werden soll, auszuschließen ist. Zuletzt möchte ich die Argumente für die Vermutung Schäfers darstellen, die unter den gegebenen Umständen die wenigsten Widersprüche aufweist.

Als jüngste Publikation bietet die Festschrift zum 750-jährigen Ortsjubiläum die Deutung: „Hl. Bernhard von Clairvaux, einer der größten Ordensheiligen der Zisterzienser". Zuvor heißt es, die Figuren seien „an ihren Beigaben zu erkennen", die für die drei weiblichen Heiligen auch angeführt werden. Eine Begründung für die Annahme, es handle sich bei dem Bischof um St. Bernhard, wird nicht angegeben.[81]

Es ist naheliegend, daß diese Vermutung im Anschluß an die Annahme entstand, die Zisterzienser hätten bei der Dorf-

---

81 Stahnsdorfer Heimatverein e.V. (Hrsg.): *Geschichte(n) aus 750 Jahren Stahnsdorf*, 2014, S. 27

gründung und dem Kirchbau eine größere Rolle gespielt. Nur in diesem Fall wäre die Wahl eines Bernhardspatroziniums ansatzweise plausibel, wenn auch längst nicht zwingend. Es bliebe die Frage offen, warum ausgerechnet diese, recht weit von den Klosterstandorten entfernte, Kirche dem gerade kanonisierten Heiligen[82] geweiht sein sollte. Wie oben gezeigt, hat es nun aber wahrscheinlich gar keine Beziehung zwischen Stahnsdorf und Lehnin gegeben. Daß nun ein Heiliger für die Kirche gewählt worden sein sollte, der mit der Herrschaft der umliegenden Dörfer verbunden war, wäre auch zu einem späteren Zeitpunkt nicht anzunehmen.

Die durch den Mangel an Attributen scheinbar bestehende Offenheit in der Deutung der Bischofsfigur hat in diesem Fall zu einem Kurzschluß geführt, der ausschließlich aus einer kaum haltbaren Spekulation über die Dorfgründung herrührt. Aber auch ikonographische Betrachtungen können nur zum Ausschluß Bernhard von Clairvaux' führen. Angenommen werden könnte in unserem Fall schließlich nur ein Heiliger, der seinerseits in der Darstellung nicht anderweitig festgelegt wäre. Zwar wird Bernhard von Clairvaux auch häufiger mit Stab, in diesem Falle dem des Abts, dargestellt, doch ist die vollständige Pontifikalkleidung ein Ausschlußkriterium. Bernhard war nicht nur niemals Bischof, er lehnte auch die Annahme der Pontifikalien durch manche Äbte aktiv ab. Wenn Bernhard mit Stab und Mitra dargestellt wird, so liegt die Mitra entweder auf einem Buch, das er hält, oder zu seinen Füßen. Mitunter finden sich mehrere Mitren neben ihm als Zeichen für die Bischofsstühle, die er ablehnte, als man sie ihm anbot. Die typische Kleidung wäre die Kukulle, das Ordensgewand des Zisterziensers, dazu käme die geschorene Tonsur.[83]

Als Fazit muß Bernhard in der Deutung des Bischofs im Altar und damit als Kirchenpatron als vollkommen unwahrschein-

---

82 der 1153 gestorbene Abt Bernhard wurde schon 1173 heiliggesprochen, vgl. *LCI* 5, Sp. 371f
83 Vgl. ebenda, Sp. 372ff

Bernhard von Clairvaux von Jean le Tavernier (1450)

lich ausgeschlossen werden: Zur Zeit der Dorfgründung und des Kirchbaus haben die Zisterzienser auf dem Teltow noch keine Rolle gespielt, später haben sie Landbesitz in der Umgebung Stahnsorfs, aber nicht im Dorf selbst gehabt. Nur ein Einfluß der Zisterzienser würde jedoch ein solches Patrozinium sinnvoll erscheinen lassen. In diesem Fall wäre Bernhard aber unbedingt als Bernhard und als Abt dargestellt worden, keinesfalls als attributloser Bischof, wofür auch die genaue Darstellung der Kennzeichen der anderen Heiligen im Altar spricht.

Als Alternative wurde zeitweilig der heilige Nikolaus von Myra gehandelt. Wenngleich diese Vermutung auch dadurch beeinflußt sein wird, daß Nikolaus durch das Brauchtum um den 6. Dezember einer der wenigen heiligen Bischöfe ist, die im nichtkatholischen Raum überhaupt bekannt sind, lassen sich für diese Annahme einige Argumente anführen. Zunächst war Nikolaus auch im Mittelalter einer der populärsten Heiligen und wurde zu den vierzehn Nothelfern gerechnet. Als Patron der Kaufleute wurden ihm viele Kirchen geweiht, auch in der Mark Brandenburg. Die Lage Stahnsdorfs an einem alten Handelsweg käme als Argument hinzu. Nikolaus wird seit je her ganz eindeutig als Bischof in Pontifikalien dargestellt, was auch zur Figur des Stahnsdorfer Altars passen könnte.

Ich halte ein Nikolauspatrozinium dennoch für unwahrscheinlich. Im 15. Jahrhundert wurde Nikolaus in der abendländischen Kunst kaum je ohne Attribute dargestellt, die ihn sofort identifizierbar machten. Das häufigste Kennzeichen ist das

Buch mit drei goldenen Kugel, gelegentlich auch drei Äpfeln oder Geldsäcken.[84] Angesichts der genauen Attribuierung der anderen Figuren wäre ein Nikolaus ganz sicher mit Erkennungszeichen ausgestattet worden, die die Kunstfertigkeit des Schnitzers nicht überfordert hätten.

Plausibel wäre ein Nikolauspatrozinium zudem vor allem bei der Kirche einer Kaufmannssiedlung, weniger bei einem Bauerndorf. In der Mark finden sich Nikolauskirchen in den Städten und hier auch in den meisten Fällen nicht als erste Kirche der Stadt. Häufig war eine Marien- oder Apostelkirche die ursprüngliche Pfarrkirche, zu der später eine Kaufmannskirche hinzukam.[85]

Wenn Bernhard auszuschließen und Nikolaus wenigstens nicht mit besonders hoher Wahrscheinlichkeit als Heiliger des Altars und vermutlicher Patron der Stahnsdorfer Dorfkirche anzunehmen ist, bleibt die Frage nach anderen Hinweisen, die für die Zuordnung herangezogen werden könnten. Nach Karl Heinrich Schäfer können Flurnamen Hinweise geben, wie er dies etwa bei der Frauenlanke in Werder und dem Katharinenholz in Bornim als Hinweise auf ein Marien- bzw. ein Katharinenpatrozinium deutet.[86]

In Stahnsdorf fehlen derartige Flurnamen allerdings. Dafür kann der Ortsname selbst Hinweis sein, der vermutlich schon vor der deutschen Kolonisation bestanden hat und das slawische Dorf bezeichnete. Schäfer geht von der grundsätzlichen Möglichkeit aus, der von den Slawen sehr verehrte Märtyrerbischof Stanislaus von Krakau könnte namensgebend für das slawische Dorf gewesen sein.[87] Als Parallele führt Schäfer die Prämonstratenserkirche in Belbuck an, die schon im 12. Jahrhundert den heiligen Stanislaus als Mitpatron hatte.[88] Mir scheint die Annahme eines vor der deutschen Kolonisation bereits be-

---

84 Vgl. *LCI* 8, Sp. 50ff
85 Vgl. unten, Schäfer, *Märkische Kirchenpatrozinien*
86 Vgl. ebenda
87 Vgl. unten, Schäfer, *Die geschnitzte Bilderbibel*

stehenden Quasi-Patroziniums in Form des Dorfnamens doch zu gewagt. Eher ist anzunehmen, daß der slawische Siedlungsgründer oder eine Familie für die Namensgebung stand. Weniger abwegig dürfte aber die bewußte Wahl des Pfarr- und Kirchenpatroziniums nach dem Namensgeber der bestehenden Siedlung sein. Einerseits gab es vor der Festigung der askanischen Machtposition im Großraum bereits Christen, wie Schäfer über die Rolle Pribislaw-Heinrichs hinaus zeigt[89], andererseits gab es ein Interesse des Markgrafen wie des Bischofs, den christlichen Glauben als integrierenden Faktor bei der Entwicklung der Mark auch an die Slawen zu verkündigen. Wie in Belbuck das Mitpatronat eines polnischen Heiligen die gemeinsamen Missionsbestrebungen westslawischer Stifter und dänischer bzw. friesischer Chorherren ausdrückte, könnte das Pfarrpatrozinium den slawischen Dorfbewohnern die Annahme des Christentums erleichtert haben.

Bischof des Flügelaltars

Für die Identifikation der Stahnsdorfer Bischofsfigur als Stanislaus spricht die Tatsache, daß dieser immer in Pontifikalkleidung dargestellt wird. In Polen, wo es zahlreiche Darstellungen gibt, kommen Attribute hinzu, die in Stahnsdorf fehlen. Allerdings tritt das häufigste Merkmal, ein durch Stanislaus vom Tod Erweckter erst ab dem 16. Jahrhundert stärker in Erscheinung. In vielen Darstellungen wird das Martyrium des Bischofs thematisiert.[90] Beide Szenen hätten vielleicht den begrenzten Rahmen

---

88 Kreis Greifenberg, Pommern, heute polnisch Białoboki, Stadtteil von Treptow an der Rega (poln. Trzebiatów)
89 Vgl. unten, Schäfer, *Christlich-deutsche Kultur der Mark*
90 Vgl. *LCI* 8, Sp. 390f

des Stahnsdorfer Altars, möglicherweise auch die finanziellen Möglichkeiten der Stifter wie die Möglichkeiten des Künstlers überfordert. Zudem darf angenommen werden, daß um das Jahr 1430, das als ungefährer Entstehungszeitpunkt des Altars angegeben wird, die eigene slawische Identität kaum noch eine Rolle gespielt haben wird, wie auch das slawische Dorf um diese Zeit wüst fiel oder vielmehr in das deutsche Dorf integriert wurde.

Es bleibt dabei, daß eine sichere Identifikation der Bischofsfigur im Flügelaltar des 15. Jahrhunderts nicht möglich ist. Gegen Bernhard von Clairvaux spricht eigentlich alles, gegen Nikolaus von Myra manches. Weniger Widersprüche sind mit der von Schäfer vorsichtig vorgeschlagenen Annahme verbunden, es könnte Stanislaus von Krakau sein. Die Vorstellung von einem Patrozinium, das gewissermaßen eine versöhnliche Einladung zur Annahme des christlichen Glaubens und damit auch eine gewisse Wertschätzung gegenüber der vorgefundenen slawischen Bevölkerung ausdrücken würde, hätte zumindestens einigen Charme.

Auferstehungschristus und Anna selbdritt

Neben den Figuren des Hauptaltars finden sich zwei weitere Skulpturen in der Dorfkirche, die ebenfalls aus dem späten Mittelalter stammen. Nach Format und Stil teilweise deutlich von den Schnitzereien des Flügelaltars abweichend, waren sie dennoch bis zur Restaurierung des Jahres 1983 auf dessen Rahmen, links und rechts des Kruzifixes, mehr abgestellt als angebracht. Karl Heinrich Schäfer schrieb hierzu, daß sie „ursprünglich unmöglich hier gestanden haben können".[91] Beide Figuren müssen, sofern sie denn ihren ursprünglichen Ort in der Stahnsdorfer Dorfkirche hatten und nicht erst später hierher gelangt sind, einen je eigenen Platz gehabt haben. Ein logischer

---
91 Vgl. unten, Schäfer, *Die geschnitzte Bilderbibel*

und durch unzählige Beispiele belegter Ort wäre die Stellung als zentrale Figuren zweier Nebenaltäre, die links und rechts im Kirchenschiff vor dem Triumphbogen gestanden haben müßten.

Die Figur des auferstandenen Christus, in der beschädigten linken Hand war vermutlich eine Siegesfahne, könnte zu einem Fronleichnamsaltar gehört haben.[92] Ein roter Umhang gibt die Seitenwunde in der offenliegenden Brust frei. Auch die anderen Wundmale sind deutlich herausgearbeitet. Etwa vom Ende des 15. Jahrhunderts stammend[93], könnte dieser Auferstandene Ausdruck der seit Einführung des Fronleichnamsfestes im 13. Jahrhundert auch in der Mark Brandenburg blühenden Eucharistieverehrung sein, deren Höhepunkte die Wunderblutwallfahrten nach Beelitz und Wilsnack waren. Seinen Platz hat der Auferstehungschristus an der Wand rechts vom Triumphbogen gefunden, wo er auch seinen ursprünglichen Ort gehabt haben könnte.

Die heilige Anna als legendarisch überlieferte Mutter Marias und damit Großmutter Jesu gehört zu den Heiligen, die seit dem 13. Jahrhundert größere Verehrung erfuhren. In dieser Zeit entstanden auch die ersten Darstellungen der Anna selbdritt, in der die Mutter Anna ihre erwachsene Tochter Maria und das Jesuskind auf dem Arm oder dem Schoß hält. Maria ist dabei bis zum Ende des 15. Jahrhunderts verkleinert abgebildet. Diese attri-

Anna selbdritt in der früheren Sakramentsnische

---

92 Vgl. ebenda
93 Vgl. Stahnsdorfer Heimatverein e.V. (Hrsg.): *Geschichte(n) aus 750 Jahren Stahnsdorf*, 2014, S. 27

butartige Darstellung der Gottesmutter zeigt auch die Stahnsdorfer Anna selbdritt. Typisch für diese Zeit ist auch das grüne Gewand und die kopftuchartige Haube. Die zuletzt vorgeschlagene Datierung auf den Anfang des 16. Jahrhunderts[94] dürfte der späteste denkbare Entstehungszeitraum sein. Da sich im späten 15. Jahrhundert der Übergang zu realistischeren Darstellungen mit gleichgroßen Figuren Annas und Mariens mit dem Jesuskind in der Mitte vollzieht, könnte die Stahnsdorfer Anna auch etwas älter sein.[95] Die im „Besucherblatt zur Erkundung der Dorfkirche Stahnsdorf" angegebene Entstehung „um 1480" erscheint von daher plausibler. Nach der Restaurierung hat die heilige Anna ihren neuen Platz in der früheren Sakramentsnische im Altarraum gefunden.

Seelsorge und Bildung

Das Bild vom "finsteren Mittelalter", das vor allem seit der Zeit der Aufklärung nicht zuletzt aus kontroverstheologischer Motivation geprägt worden ist, hat sich in der Forschung längst relativiert. Trotz der vergleichsweise geringen Dichte an urkundlicher Überlieferung läßt sich auch für die Mark Brandenburg schon früh ein intensives Streben nach Bildung, nicht nur für gehobene Schichten, nachweisen. Es ist vor allem Karl Heinrich Schäfers Verdienst, bereits in den 1920er Jahren und aus profunder Kenntnis der mittelalterlichen Kultur das Bildungswesen in der Mark Brandenburg erforscht zu haben. Wenn seine Wertungen auch – aus der wissenschaftlichen wie konfessionellen Auseinandersetzung heraus – mitunter überzeichnet und seine Formulierungen gelegentlich polemisch sind, wird seine Forschung doch auch von heutigen Mediävisten als wegweisend gewürdigt. In seinem Werk "Märkisches Bildungswesen vor der Reformation" weist er nicht nur auf den hohen Anteil heute noch nachweisbarer Geistlicher und Laien hin, die mit akade-

---
94 Vgl. ebenda
95 Vgl. *Christliche Ikonographie in Stichworten*, S. 33

mischen Graden ausgezeichnet waren, die sie bis ins späte 14. Jahrhundert nur an ausländischen Universitäten erworben haben konnten.

Nach der Gründung der ersten Universitäten in deutschsprachigen Ländern (Prag 1349, Wien 1365, Erfurt 1379 etc.) und vor allem im 15. Jahrhundert stieg die Zahl immatrikulierter Märker stark an. Die Klöster wurden nicht nur zur Festigung des Christentums gestiftet, worin für die Markgrafen auch ein stabilisierender Faktor ihrer Herrschaft zu sehen war, nicht nur als Ausgangspunkte der Kultivierung des Landes im wirtschaftlichen Sinn, sondern auch als Stätten der Bildung. In den großen Prämonstratenserstiften, wie den Domkapiteln von Havelberg und dem für uns bedeutsamen Brandenburg, in dessen Diözese Stahnsdorf lag, wie auch den Zisterzienserklöstern standen den Markgrafen und ihren Ministerialen mit den Kanonikern und Mönchen gelehrte Ratgeber zur Verfügung, die nachweislich in allen damaligen Wissenschaften gebildet waren. Bibliotheken lassen sich für Klöster (allein die Lehniner Zisterzienser verfügten schon vor der Verbreitung des Buchdrucks über eine Bibliothek von fast 1000 Bänden, deren Katalog erhalten ist[96]) und Stifte, aber auch für eine Reihe von Pfarreien nachweisen.

Für eine kleine Landpfarrei wie Stahnsdorf wird nicht mehr als eine kleine Handbibliothek des jeweiligen Pfarrers anzunehmen sein, doch bestand entsprechend der bischöflichen Ordnungen für die Geistlichkeit auch ein klarer Bildungsauftrag. Bei den Prüfungen für die Zulassung zur Weihe zum Diakon und Priester wurde, wie Schäfer aus erhaltenen Urkunden nachweist, bereits eine Vorauswahl für die Besetzung von Predigtämtern in bedeuten Stadtpfarreien getroffen.[97] Für Dörfer wie Stahnsdorf kamen dennoch nur Geistliche in Frage, die über eine ordentliche Bildung und Predigtfähigkeit verfügten, um als Pfarrer und nicht nur als Hilfsgeistlicher eingesetzt zu

---

96 Schäfer, *Bildungswesen*, S. 7
97 ebenda, S. 25

werden. Immerhin war ein ausgedehnter Pfarrbezirk mit Filialdörfern wie Sputendorf zu betreuen. "Die Brandenburger Synodalakten, die vom Jahre 1380 erhalten sind, schreiben den Geistlichen vor, die Beobachtung der Sonn- und Feiertage dem Volke einzuschärfen, damit die Leute den Gottesdiensten und Predigten beiwohnen."[98] Es ist davon auszugehen, daß das Niveau der Predigtkultur als Bildungsfaktor zusätzlich durch Wallfahrten und Feste sowie durch Gastprediger gehoben wurde, vor allem aus den zahlreichen Klöstern der Bettelorden in vielen märkischen Städten. Andererseits dürfte das Streben nach akademischer Bildung mancher Pfarrer im Gegenzug auch hier und da zu Mängeln geführt haben. Schließlich mußte die Seelsorge vertretungsweise von Hilfsgeistlichen ausgeübt werden, denen es, nur mit einem Teil der Einkünfte des ordentlichen Pfarrers versehen, am nötigen Eifer für ihren Dienst mangeln konnte.[99]

Neben den Predigten für alle Dorfbewohner ist das eigentliche Schulwesen in der Mark von Bedeutung. An den Sitzen der Erzpriester waren Lateinschulen zu unterhalten, die zur Vorbereitung auf ein Universitätsstudium geeignet waren und oft von promovierten Schulmeistern geleitet wurden. Für Stahnsdorf befand sich dieser Erzpriestersitz zunächst in Teltow und wurde später in das bedeutendere Cölln verlegt. Teltow behielt allerdings den Kaland als geistliche und karitative Vereinigung. Auch wenn in diesem Fall keine urkundliche Überlieferung existiert, ist anzunehmen, daß auch eine Lateinschule in der Stadt verblieb. Schäfer hat mindestens 80 derartige Schulen in 70 Städten der Mark nachgewiesen. Bis zur Verlegung des Erzpriestersitzes muß aufgrund der Parallelen sogar sicher von einer solchen Schule ausgegangen werden. Die Aufsicht über das Schulwesen in der Mark führte in den Domstiften, in unserem Fall vermutlich in Brandenburg, ein Kanonikus

---

98 ebenda
99 ebenda, S. 24

"Scholastikus"[100] Ob diese Funktion später an das 1465 gegründete Kollegiatstift an der Berlin-Cöllner Schloßkirche überging, ist nicht bekannt. Denkbar wäre eine solche Übertragung, zumal weil die Schloßkirche schon 1450 den Teltower Kalandsaltar mit allen Einnahmen übernommen hatte.[101]

Träger der Lateinschulen waren die Pfarreien, die (geistlichen) Lehrer bezogen ihr Einkommen aus einer Kombination aus kirchlicher Pfründe (etwa Altarstipendien, für die entsprechende gottesdienstliche Verpflichtungen bestanden), dem Schulgeld der Schüler und einem Honorar des jeweiligen Stadtrates, für das oft auch Notariatsdienste zu leisten waren.[102] Unterrichtet wurden Jungen ab dem 7. Lebensjahr, für Mädchen gab es eine Reihe von Schulen bei den Frauenklöstern und Kanonissenstiften der Mark. Unterrichtet wurden neben der lateinischen Sprache (Formenlehre und Syntax bis zu klassischer und philosophischer Literatur) Religion und Moral, Kunstgeschichte, Rhetorik, Rechnen und Musik.[103] Anders als die kontroverstheologisch motivierte Geschichtsschreibung des 18. und 19. Jahrhunderts glauben machen wollte, war keineswegs "in der Mark bei Errichtung der Bistümer und Klöster nicht auf Anlegung der Schulen gesehen worden".[104] Eine in diesem Sinn benutzte Aussage des Kurfürsten Joachim I. aus dem Jahr 1506, wonach „in der Mark bis dahin ein Gelehrter so selten sei als wie ein weißer Rabe", stand im Zusammenhang mit der Universitätsgründung der Viadrina in Frankfurt (Oder). Sie steht im Kontrast sowohl zum von Schäfer festgestellten Befund wie auch zur Äußerung des Kurfürsten Albrecht Achil-

---

100 ebenda, S. 48
101 *Brandenburgisches Klosterbuch*, Bd. 1, S. 174
102 Vgl. Schäfer, *Bildungswesen*, S. 48f
103 ebenda, S. 50f
104 Wilhelm Moehsen: *Geschichte der Wissenschaften in der Mark Brandenburg*, Berlin und Leipzig 1781, S. 156ff, zit. nach Schäfer, *Bildungswesen*, S. 3

les, der sich brüstete, in der Mark gäbe es „Doktoren die Menge".[105]

Das Lateinschulwesen mit der daraus folgenden hohen Zahl an nachweisbaren Akademikern und immatrikulierten Studenten ging mit der Einführung der Reformation bis zum Dreißigjährigen Krieg stark zurück. Die Gehälter der geistlichen Lehrer und die Altarpfründen wurden durch die Landesherrschaft konfisziert. Ein Interesse, das Schulwesen in anderer Weise fortzuführen, bestand offensichtlich über lange Zeit nicht.[106]

Die Entfernung zur Lateinschule in Teltow oder Cölln und die Verpflichtung zur Zahlung eines Schulgeldes legen nahe, daß deren Besuch vor allem für Kinder ritterlicher oder wohlhabenderer Bauernfamilien Stahnsdorfs in Frage kam (wobei die wirtschaftlichen Verhältnisse beider Gruppen bis zum 15. Jahrhundert, wie oben gezeigt, kaum unterschiedlich gewesen sein werden). Ob für andere Kinder, etwa von Kossäten, Freiplätze oder Stipendien, z.B. des Pfarrers, verfügbar waren, ist für die Mark Brandenburg bisher nicht bekannt und dürfte die Ausnahme gewesen sein. Die Überlegungen um die Person des Petrus de Stanesdorp lassen jedenfalls die Möglichkeit plausibel erscheinen, daß auch Stahnsdorfer Kinder schon in der Frühzeit der Mark Brandenburg einen Zugang zu höherer schulischer Bildung haben konnten. Ob es in Stahnsdorf im Mittelalter eine Dorfschule gegeben hat, ist nicht feststellbar. Es gibt Hinweise, daß derartige einfache Schulen in märkischen Dörfern existiert haben, in denen Grundlagen wie Lesen, Schreiben und Religion unterrichtet wurden. Die Voraussetzungen für eine solche Schule, nämlich eine eigene Pfarrkirche mit ortsansässigem Geistlichen, dürften in Stahnsdorf mit Sicherheit erfüllt gewesen sein.[107]

---

105 Schäfer, *Bildungswesen*, S. 79
106 ebenda, S. 86f
107 ebenda, S. 78f

Literatur

- Heinrich Berghaus, *Landbuch der Mark Brandenburg und des Markgrafthums Nieder-Lausitz*, Band 2, Brandenburg 1855
- Friedrich Dehmlow: *Vergessene Dörfer im Bezirk Zehlendorf – Untersuchungen über die wüste Mark Damsdorf und den Verlauf der Kolonisation des Mittelalters im Raume von Zehlendorf*, in: Berliner Blätter für Vor- und Frühgeschichte, Heft 2, 1963, S. 48-89
- Ernst Fidicin: K*aiser Karl's IV. Landbuch der Mark Brandenburg*, Berlin 1856
- Ernst Fidicin: *Die Territorien der Mark Brandenburg*, Band 1: Geschichte des Kreises Teltow, Berlin 1857
- Heinz-Dieter Heimann u.a.: *Brandenburgisches Klosterbuch. Handbuch der Klöster, Stifte und Kommenden bis zur Mitte des 16. Jahrhunderts*, 2 Bände, Berlin 2007, ISBN 978-3-937233-26-0
- Kurt Pomplun: *Der mittelalterliche Dorfkirchenbau auf dem Teltow*, Sonderdruck aus der Festschrift für Karl Hohmann, Berliner Blätter für Vor- und Frühgeschichte, 9. Band, Berlin 1960
- Adolph Friedrich Riedel: Codex diplomaticus Brandenburgensis – Sammlung der Urkunden, Chroniken und sonstigen Quellenschriften für die Geschichte der Mark Brandenburg und ihrer Regenten, Band 8, Berlin 1847; Band 11, Berlin 1856
- Hannelore Sachs, Ernst Badstübner, Helga Neumann: *Christliche Ikonographie in Stichworten*, 3. Aufl., Leipzig 1988, ISBN 3-7338-0095-8
- Karl Heinrich Schäfer: *Märkisches Bildungswesen vor der Reformation*, Berlin 1928
- Gerhard Schlimpert: *Brandenburgisches Namenbuch*, Teil 3: Die Ortsnamen des Teltow, Weimar 1973

- Eberhardt Schmidt: *Die Mark Brandenburg unter den Askaniern (1134-1320)*, Böhlau, Köln und Wien 1973, ISBN 3-412-83273-1

- Willy Spatz: Der Teltow, Band 1, Berlin 1905; Band 3, Geschichte der Ortschaften des Kreises Teltow, Berlin 1912

- Ulrich Waack, *Dorfkirchenbau und Ökonomie. Über den Zusammenhang der baulichen Gestalt mittelalterlicher Dorfkirchen auf dem Barnim mit Siedlingsmerkmalen*, In: Kirchen des Mittelalters in Brandenburg und Berlin, Petersberg 2007, ISBN 978-3-86568-254-3

Hans-Joachim Warsinsky: *In der Stahnsdorfer Ortschronik geblättert*, 2. Aufl., Zenkert-Verlag, Mahlow 2009, ISBN 978-3-936607-51-2

Thomas Marin

Karl Heinrich Schäfer – ein Portrait

Die nachstehenden Beiträge des bedeutenden Mittelalterhistorikers, Konvertiten und Nazigegners Karl Heinrich Schäfer über die mittelalterliche Geschichte Stahnsdorfs, zur märkischen Patrozinienkunde und der christlichen Kultur des Mittelalters sind zwischen 1929 und 1938 als Zeitungsbeiträge erschienen. Mit mehr als 100 größeren und kleineren Veröffentlichungen zur märkischen Geschichte ist er auf diesem Gebiet nicht nur einer der besonders produktiven Forscher. Seine früheren und parallelen Forschungsschwerpunkte machten ihn zu einem fundierten Kenner der Rechts- und Kulturgeschichte. Seine wirtschafts- und währungshistorischen Arbeiten und sein Blick auf die Geschichte medizinisch-karitativen Handelns und des Bildungswesen heben seine Arbeiten aus den vorwiegend herrschafts- und militärpolitischen Ansätzen heraus. Als Konvertit sind seine Forschungen von einer besonderen Identifikation mit dem Forschungsgegenstand geprägt, die ihn in seinen Wertungen gelegentlich zu überzogenen Formulierungen greifen ließ und ihn in manche gesuchte Auseinandersetzung mit wissenschaftlichen, konfessionellen und politischen Widersachern geführt hat. Als aufrechter Christ widerstand er dem totalitären System des Nationalsozialismus und bezahlte dafür im Konzentrationslager Sachsenhausen mit dem Leben. Seine Forschungen sind unter Fachleuten, bei Relativierung mancher polemischer Urteile, bis heute anerkannt und geschätzt.

Als Sohn des Klempnermeisters Michael Schäfer und seiner Frau Maria wurde Karl Heinrich Schäfer am 27. Juli 1871 im hessischen Wetter, etwa 12 Kilometer nördlich von Marburg (Lahn) geboren und in der evangelischen Pfarrkirche getauft. Seine Anlagen wurden in der Volksschule vom evangelischen Pfarrer gefördert, der ihn persönlich auf den Besuch des Gymnasiums in Marburg vorbereitete. Unter Befreiung von den mündlichen Abiturprüfungen schloß er zu Ostern 1891 mit guten Noten ab und nahm im Sommersemester des gleichen Jahres in Greifswald das Theologiestudium auf. Nach krankheitsbedingter Pause setzte er seine Studien im Sommersemester 1892 zunächst in Erlangen und dann in Marburg fort. Nach dem bestandenen Ersten Theologischen Examen ging er auf Vermittlung seines Professors für Altes Testament, Wolf Wilhelm von Baudissin, an das königliche Domkandidatenstift in Berlin. Dieses Predigerseminar diente der Vorbereitung auf die praktische Seelsorge, zeigte aber auch seine Schwierigkeiten mit der damals modernen liberalen Theologie. So mußte er erleben, daß seine streng auf die Bibel bezogenen Predigten ihm den Vorwurf „römischer Anschauungen" einbrachte. Eine Reise zum Abschluß des Ausbildungsjahres zur Herrnhuter Brüdergemeinde, aber auch nach Prag und Wien, weckte in ihm den Wunsch nach intensiverer Kenntnis der Kirchengeschichte. Statt des Pfarrexamens wurde er für drei Jahre Hauslehrer in der Familie des Bornstedter Pfarrers und Siemens-Schwiegersohns Carl Pietschker. In dieser Zeit predigte er gelegentlich in der Potsdamer Erlöserkirche, wenige Schritte von dem Haus, das er 1921 erwerben sollte, entfernt. 1898 bestand er das Pfarrexamen, ließ sich aber nicht ordinieren, sondern begann in Marburg ein Geschichtsstudium und erwarb die Lehrbefähigung für höhere Schulen.

Sein akademischer Lehrer Georg von Below vermittelte ihm eine Stelle als Hilfswissenschaftler im Kölner Stadtarchiv, wo er die Katalogisierung mittelalterlicher Pfarrarchive und die Publikation eines dreibändigen Inventar- und Regestenwerkes besorgte. 1902 wurde er mit einer rechtshistorischen Arbeit zum Thema „Pfarrkirche und Stift im deutschen Mittelalter" promoviert wurde. Die Dissertation und das Folgewerk „Die Kanonissenstifter im deutschen Mittelalter" erschienen in der renommierten Reihe des Kirchenhistorikers Ulrich Stutz (der auf dem Stahnsdorfer Südwestkirchhof begraben ist).

Die Beschäftigung mit der christlichen Kultur des Mittelalters führte ihn zu einer lange angebahnten Entscheidung, die

*Karl Heinrich Schäfer, Gemälde von E. Ostendorf
im Besitz der Propsteipfarrei St. Peter und Paul Potsdam*

für seine berufliche Zukunft schwerwiegende Folgen hatte. Am 8. Dezember 1908 trat er in der Kölner Kirche St. Aposteln zum katholischen Glauben über und empfing von Pfarrer August Savels die Heilige Kommunion.

Die Mitteilung hierüber an den Direktor des Kölner Stadtarchivs, Professor Joseph Hansen, führte dazu, daß dieser ihn umgehend aus dem Dienst des Archivs entließ und seine Geringschätzung für diesen Schritt ausdrückte. Auch Jahre nach dem offiziellen Ende des Bismarckschen Kulturkampfes war die Diskriminierung von Katholiken im preußischen Beamtenapparat an der Tagesordnung.

Für Schäfer ergab sich eine Perspektive als Mitarbeiter des Instituts der Görres-Gesellschaft in Rom. Hier erforschte er die Ausgaben der Apostolischen Kammer unter den Avignoneser Päpsten im 14. Jahrhundert und leistete bleibende Beiträge zur Geld- und Wirtschaftsgeschichte, zur Wappenkunde und Patrozinienforschung, zur Geschichte des päpstlichen Haushalts und zur deutschen Territorialgeschichte. Die Bearbeitung mittelalterlicher Soldlisten mündete in einem vierbändigen Werk über die deutschen Ritter und Edelknechte in Italien. Die hier gesammelten Erkenntnisse über deutsche Adelsfamilien befruchteten viele spätere Arbeiten in der Regionalgeschichte des Rheinlands, Hessens und der Mark Brandenburg. Im Jahr 1913 wurde er für seine wissenschaftlichen Verdienste mit dem päpstlichen Gregoriusorden ausgezeichnet.

Der Ausbruch des Ersten Weltkriegs beendete seinen Romaufenthalt. Als Sanitäter, Landsturmmann und schließlich als Unterrichtsoffizier im Leutnantsrang nahm er am Krieg teil. Zu seinen Aufgaben gehörte auch die Abfassung einer Geschichte seiner württembergischen Infanteriedivision 243.

Nach dem Krieg stand Schäfer erneut vor einem Neuanfang. 1919 scheiterte er mit dem Versuch, sich in Göttingen zu habilitieren, vermutlich, weil er ein konfessionell zu umstrittenes Thema gewählt hatte. Er nahm eine Stelle als Bibliothekar an der Landesbibliothek Wolfenbüttel an und habilitierte sich schließlich mit einer Arbeit über Kirchenpatrozinien an der Technischen Hochschule Braunschweig. Vorlesungen an dieser Hochschule hielt Schäfer zur byzantinischen Kulturgeschichte und die römisch-fränkische Kultur im Rheinland, in Hessen und Thüringen. Auch hier erlebte er jedoch Diskriminierungen, etwa in Zeitungsartikeln, in denen katholische Dozenten abgelehnt wurden und in der Auseinandersetzung um die Besetzung der Direktorenstelle in Wolfenbüttel, für die er wegen seiner Konfession nicht in Frage kam.

Mit der Gründung des Reichsarchivs in Potsdam wurde er dank des Einsatzes der katholischen Professoren Aloys Schulte aus Bonn und Prälat Georg Schreiber aus Münster zum Reichsarchivrat bestellt. Sein Arbeitsplatz war ab 1921 in der ehemaligen Kriegsschule auf dem Potsdamer Brauhausberg. Mit 50 Jahren hatte Schäfer damit erstmals eine gesicherte berufliche Position erreicht. Er heiratete im gleichen Jahr die Luxemburgerin Barbara Marx und kaufte in der Sophienstraße 2 (heute Meistersingerstraße), unweit der evangelischen Erlöserkirche, ein Haus, das er nach der Herkunft seiner Frau „Lützelburg" nannte. Das Haus ließ er zu einem christlich-großbürgerlichen Refugium mit Bibliothek, Herren- und Musikzimmer umgestalten. Es wurde zum Treffpunkt eines Teils der geistigen Elite Potsdams und der katholischen Intellektuellen. Für die 1922 geborene Tochter Renate blieb das Haus bis ins hohe Alter Heimstatt. Das großbürgerliche Ambiente, das ihre Eltern schufen, blieb erhalten und konnte im Jahr 2006 teilweise vom Potsdam-Museum übernommen werden als eines der wenigen erhaltenen Beispiele bürgerlichen Lebens in der Zwischenkriegszeit.

Reichsarchiv, Brauhausberg

Im Reichsarchiv gehörte Schäfer trotz Offiziersrang und Eisernem Kreuz unter der Mehrheit der ehemaligen preußischen Berufsoffiziere zu den wenigen Fachhistorikern. Mit seinem katholischen Bekenntnis war er damit in einer doppelten Minderheitenposition. Sein dienstliches Aufgabengebiet war der Aktenbestand des Generalquartiermeisters im Ersten Weltkrieg. Als 1932 eine kulturgeschichtliche Abteilung entstand, übernahm er die

Schäfers Haus „Lützelburg" (2006)

Erforschung der Caritas im Weltkrieg, ein Thema, das ihm näher lag. Mehrfach war seine Stellung bedroht, so etwa, als 1923 wegen der Auswirkungen der Inflation Personal abgebaut werden sollte. Erneut erreichte Prälat Georg Schreiber, der inzwischen Reichstagsabgeordneter der Zentrumspartei war, daß Schäfer blieb – als einziger Katholik unter den Archivräten.

Neben seiner Arbeit im Archiv und dem intensiven gesellschaftlichen Engagement – im Elternbeirat der Potsdamer Marienschule, als maßgeblicher Organisator des Märkischen Katholikentags 1929 in Potsdam mit Nuntius Pacelli, dem späteren Papst Pius XII., als Kandidat der Zentrumspartei für den Potsdamer Stadtrat – widmete er sich intensiv der Erforschung der mittelalterlichen Kultur-, Wirtschafts- und Kirchengeschichte der Mark Brandenburg. Dabei ging er offensiv und streitbar gegen die vorurteilsbehaftete Geschichtsauffassung vieler seiner Kollegen an, die das Bild vom finsteren Mittelalter pflegten. Mit akribischer Forschung und mehr als hundert Veröffentlichungen wandte er sich bisher vernachlässigten Themen und auch kleineren Orten zu. In der Darstellung seiner Forschungsergebnisse, die er auch für das breite Publikum in Zeitungsartikeln aufbereitete, griff er öfter zu starken Wertungen und polemischen Aussagen, nicht anders als seine konfessionellen und wissenschaftlichen Gegenspieler von ihrer Position aus. Auch wenn seine Arbeiten daher mit einer gewissen Vorsicht zu betrachten sind, bleiben viele seiner Forschungen bis heute von Wert, wie etwa seine umfangreichen Darstellungen des Bildungswesens und der Caritas im märkischen Mittelalter. Sein Temperament in den Auseinandersetzungen illustriert

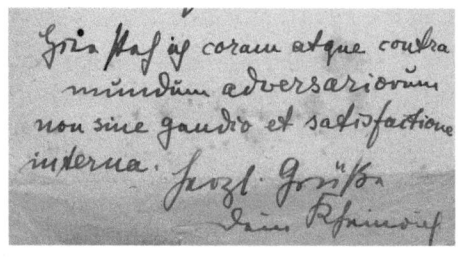

Schäfers Handschrift, Postkarte, 1928

eine Äußerung gegenüber einem Freund im Zusammenhang mit der Veröffentlichung seines Werks über das Märkische Bildungswesen vor der Reformation. „Hier steh ich vor und entgegen einer Welt von Widersachern nicht ohne Freude und innere Befriedigung".[108]

Die Auseinandersetzungen um das Geschichtsbild der Mark, das ihn nicht nur in Konflikte mit seinen Kollegen im Archiv, sondern auch und gerade mit dem späteren Rektor der Berliner Universität, Willy Hoppe, brachte, mündeten in die Gründung des „Geschichtsvereins Katholische Mark", dem späteren Diözesangeschichtsverein des Bistums Berlin. Wie Hoppe im Vorstand des evangelischen „Vereins für Brandenburgische Kirchengeschichte" und Vorsitzender des „Vereins für die Geschichte Brandenburgs" war Schäfer Vorsitzender des katholischen Geschichtsvereins. Mit dem Wichmann-Jahrbuch und den Heimatwissenschaftlichen Blättern der Märkischen Volkszeitung schuf Schäfer eine eigene Publikationsbasis für die Arbeit des Geschichtsvereins, an der er qualitativ und quantitativ entscheidenden Anteil hatte.

Ganz anders als bei Hoppe verlief Schäfers Karriere nach der Machtübernahme der Nationalsozialisten. Während Hoppe als überzeugter Nationalsozialist Rektor der Universität wurde, verlor Schäfer 1934 seine Anstellung am Reichsarchiv vor Erreichen des Ruhestandsalters. Aus seiner Ablehnung des Nationalsozialismus hatte Schäfer nie einen Hehl gemacht, wenngleich er zeitweise auf eine politische Verständigung zwischen NSDAP und Zentrum gehofft hatte.

---

108 Postkarte Schäfers vom 24. Dezember 1928 an Professor Gregor Richter, Fulda, Privatarchiv Th. Marin

Der Forschungstätigkeit setzte die Entlassung aus dem Dienst zunächst keine Grenzen. Der Abschluß der umfangreichen Veröffentlichungen zum Päpstlichen Haushalt und den deutschen Rittern in Italien fiel in diese Zeit. Als die Zensur das Publizieren erschwerte, brachte er Arbeiten über karitative Themen in medizinischen Fachzeitschriften unter, die noch freier waren. Auf die NS-Ideologie nahm er keinerlei Rücksicht, etwa in seiner letzten großen wappenkundlichen Arbeit über die Deutung des Mainzer Rades, in der er die christliche Symbolik betonte und die nationalistische Runendeutung vehement verwarf.

Über den Charakter des nationalsozialistischen Systems hatte Karl Heinrich Schäfer keine Illusionen. Sein Haus wurde zu einem Zentrum geistigen Widerstands und freier Rede. Welche Konsequenzen dies haben könnte, war ihm bewußt. Mehrfach äußerte er, es sei „doch eigentlich eine Schande, so frei herumzulaufen, anstatt sich als Martyrer zu bewähren." Mancher Bekannte, etwa im Diözesangeschichtsverein, fürchtete die klaren Worte Schäfers wegen der Gefahr, bespitzelt zu werden. Andere fanden sich im Hause Schäfer am Radiogerät zum Abhören ausländischer Sender ein. Von einer eingeschleusten Hausangestellten denunziert, wurden Karl Heinrich und Barbara Schäfer am 14. Oktober 1942 verhaftet. Im Januar 1943 wurden beide wegen „planmäßig organisierter Zersetzungsarbeit" zu zwei bzw. anderthalb Jahren Zuchthaus verurteilt.

Während Barbara Schäfer nach Verbüßung der Strafe in Cottbus entlassen wurde, kam der inzwischen schwerkranke Karl Heinrich nach zwei Jahren in Luckau erneut in die Hand der Gestapo. Im August 1944 hatte er Frau und Tochter die Anweisung gegeben: „Wenn Ihr meine Asche angeboten bekommt, so nehmt sie nicht an. Wenn Ihr meinen Körper bekommt, so beerdigt ihn neben meiner Mutter Grab." Nach dem Ende der Zuchthausstrafe kam er ins Gestapo-Gefängnis nach Potsdam, von wo er am 7. Januar 1945 ins KZ Sachsenhausen verbracht wurde. Hier starb er am 29. Januar, laut Totenschein an Rippenfellentzündung und allgemeiner Körperschwäche – beides Folgen der Haftbedingungen. Barbara und Renate Schäfer erhielten die Todesnachricht einen Tag später bei einem versuchten Besuch. Die angebotene Urne lehnten sie auftragsgemäß ab.

Statt eines Grabes bekam Karl Heinrich Schäfer einen Gedenkstein vor der Lützelburg und den ehrenden Respekt der Historiker für einen bedeutenden Kollegen und der Christen für einen aufrechten Glaubenszeugen.

Literatur zu Karl Heinrich Schäfer:

- Bernhard Stasiewski: *Das Leben und Wirken Karl Heinrich Schäfers*, in: Gedenkschrift für Karl-Heinrich Schäfer, Würzburg 1946, S. 6 – 27

- ders.: *Bibliographie der Arbeiten von Dr. Karl-Heinrich Schäfer*, ebenda, S. 35 – 58

- Felix Escher: *Bekenner in der Diktatur. Zum Leben, Wirken und Sterben von Karl Heinrich Schäfer*, in: Bekenntnis zu Potsdam, Potsdam 1997, S. 61 – 79

- Benjamin Gallin und Peter Riedel: *Potsdamer Bürger und Katholik. Reichsarchivrat Karl Heinrich Schäfer (1871 – 1945)*, in: Bürger machen Politik. 200 Jahre Stadtverordnete in Potsdam, Schriftenreihe zur Stadt- und Kunstgeschichte Potsdams, Heft 1, Potsdam 2009, ISBN 978-3-00-030134-6, S. 32 – 61

Karl Heinrich Schäfers Forschungen zum Mittelalter in Stahnsdorf

Die geschnitzte Bilderbibel von Klein-Machnow und die hl. Barbara zu Stahnsdorf

Erschienen in: Heimatwissenschaftliche Blätter der Märkischen Volkszeitung, Nr. 1, Januar 1937.[109]

Nicht nur durch den staatlichen Ankauf der bekannten Hakeburg, sondern mehr noch durch die Wiederzulassung des katholischen Gottesdienstes in die seit der Joachimschen Reformation zum augsburgischen Bekenntnis gehörige mittelalterliche Pfarrkirche[110] hat Klein-Machnow im Kreise Teltow die Aufmerksamkeit der heimatliebenden und geschichtsbeflissenen Volksgenossen in erhöhtem Maße auf sich gezogen. Dies Dorf war ehedem nur durch den Ausfluß eines Sees von seiner Mutterpfarrei Stahnsdorf getrennt. Hier lag die nunmehr stillgelegte Wassermühle, die zur mittelalterlichen bescheidenen Ritterburg derer von Hake und von Quast in ihrer unmittelbaren Höhe gehörte. Erst ums Jahr 1500 erhielt der Ort eine Filial-

---

[109] Bis auf den Einleitungssatz handelt es sich um einen Wiederabdruck eines Artikels, der unter dem Titel „Mittelalterliche Kunst und Geschichte in Stahnsdorf und Klein-Machnow" in der Märkischen Volkszeitung am 5. Oktober 1930 und im Teltower Kreisblatt am 14. Oktober 1930 erschien. In der „Bibliographie der Arbeiten von Dr. Karl-Heinrich Schäfer" fehlt die hier wiedergegebene Veröffentlichung. Im Jahr 1937 erschienen zwei verschiedene Ausgaben der Heimatwissenschaftlichen Blätter unter der Nr. 1: diese mit Monatsangabe und eine weitere ohne Monatsangabe. Vgl. Holzapfel-Stasiewski, S. 50

[110] Hier irrt Schäfer, die Kleinmachnower Dorfkirche, die der katholischen St. Thomas Morus-Gemeinde als Gottesdienstort diente, wurde mit größter Wahrscheinlichkeit erst nach Einführung der Reformation gottesdienstlich genutzt, wenngleich ein Baubeginn vor der Reformation nicht auszuschließen ist.

Heimatwissenschaftliche Blätter der Märkischen Volks-Zeitung

Herausgegeben unter Mitwirkung von Dr. K. H. Schäfer, Reichsarchivrat i. R.

Nr. 1   Januar   1937

Die geschnitzte Bilderbibel von Klein-Machnow und die hl. Barbara zu Stahnsdorf

Nicht nur durch den staatlichen Ankauf der bekannten Hakeburg, sondern mehr noch durch die Wiederzulassung des katholischen Volksgenossen in erhöhtem Maße auf sich gezogen. Dies Dorf war

kapelle in spätgotischem Stil neben dem Herrenhof der Hake. Diese legten Wert darauf, in ihrem Dorf ein schönes Gotteshaus zu besitzen. Zwar ist der äußere Aufbau im Chor, Langschiff und Westbau mit ihren Backsteinen fast roh und ungelenk, aber ein schönes Sterngewölbe, auf zwölf Pilastern symbolisch ruhend, überrascht angenehm den eintretenden Besucher. Gegenüber dem Portal hängt noch ein Madonnenbild (Maria mit dem Christuskind), wahrscheinlich um 1600 entstanden. Dann füllt ein hübsches Freskobild, unter Anlehnung an berühmte Meister (Raffael) in den vatikanischen Stanzen nach 1700 gemalt, den Bogen zwischen zwei Wandpfeilern aus, die Auferstehung Christi darstellend. Das Prachtstück der Kirche aber ist ein i.J. 1599 von Hans Zinckeisen, Bildhauer und Maler zu Berlin, fertiggestellter vierflügeliger Hochaltar mit hübschen Darstellungen aus dem Leben Jesu in Skulptur und Malerei. Man könnte diesen Altar, wie so manche noch schönere aus der vorreformatorischen Zeit, eine kurzgedrängte, aber eindrucksvolle und auch für Analphabeten leicht faßliche Bilderbibel nennen. Denn der Beschauer sieht hier in einer großen Zahl (9 Skulpturen und 9 Gemälde) künstlerischer Darstellungen die wichtigsten Ereignisse, Handlungen und alttestamentlichen Parallelen aus dem Leben des Erlösers: Die Verkündigung des Engels Gabriel auf den äußeren Flügeln (bei geschlossenem Altare), die Geburt und die Hirten auf dem Felde, die Heiligen Drei Könige, die Darstellung im Tempel, die Flucht nach Aegypten, der 12jährige Jesus im Tempel, das Gleichnis vom guten Hirten, die Verklärung, Moses und der brennende Busch, die Fußwaschung, das hl. Abendmahl (als Haupt- und Mittelbild), die Oelbergszene, Christus vor Pilatus, die Verleugnung Petri, die Grablegung, der Auferstandene, die Jünger von Emmaus und zu oberst der Kruzifixus.

Die Kunst ist nicht mehr erstklassig, sondern handwerksmäßig; aber dieser Altar ist gerade noch ein Beweis für das Fortleben mittelalterlicher und katholischer Traditionen unmittelbar vor dem Siege des calvinistischen Geistes am kurfürstlichen Hof, der sich dann wie ein ätzender Schwaden dritthalb Jahrhunderte über alle kirchliche Kunst in der Mark ausbreitete.

Michael Zinckeisen, ein Bruder des Altarmeisters, hatte schon 1597 den merkwürdigen, nicht gerade genialen Taufstein, jetzt inmitten der Kirche, geschaffen, dessen älteres Taufbecken in getriebenem Messing noch die Verkündigungsszene in Nürnberger Arbeit zeigt.

Zwei wertvolle, zerfetzte Fahnen, die noch im heiligen Reiche ruhmvoll gegen die Türken flatterten, blieben von zwölf erhalten und künden dem Beschauer die Tapferkeit altmärkischer Rittergeschlechter, wie sie die Hake als eines der ältesten vorbildlich getätigt haben. Für die Potsdamer Geschichte ist noch eine Inschrift aus dem 16. Jahrhundert an der nördlichen Innenwand der Kirche bemerkenswert. Sie lautet: Casparus Jacke, Maurermeister zu Potsdam 1597. Auch die alte Burg, wohl die interessanteste, die sich im Teltow erhalten hat, ist eines Besuches wert; in den von einer Renaissancehaube geschmückten sechseckigen Treppentürmen sind noch Reste alter Malerei sichtbar.

Als Mutterkirche von Klein-Machnow erscheint das romanische Gotteshaus in Stahnsdorf. Sein großer Pfarrsprengel stieß westlich an die entsprechend ausgedehnte mittelalterliche Pfarrei Potsdam. Dazwischen dehnte sich der Stahnsdorfer Wald aus, wo sich nunmehr seit drei Jahrzehnten der große Zentralfriedhof befindet und Tausende von Toten der Ewigkeit entgegenschlummern.

Merkwürdigerweise steht noch heute auf der Evangelienseite des mittelalterlichen Flügelaltars der Stahnsdorfer Pfarrkirche die Gestalt der heiligen Barbara, der Schutzpatronin für eine selige Sterbestunde. Neben ihr, nach der Mitte hin, die heilige Katharina, Schutzpatronin der Schulen und des christlichen Rittertums, die auch Patronin der Bornimer Pfarrkirche gewesen ist. In der Mitte sieht man die Jungfrau Maria mit dem Christuskind; ihr zur Rechten einen Bischof und auf der Epistelseite Maria Magdalena. Die Schnitzerei ist ortsständige Kunst, spätgotisch, noch nicht in Renaissanceform, aber nicht lange vor der Reformation, derb und sinnfällig gehalten, leider zu grob und ohne Sorgfalt übermalt. Den Flügelschrein krönt ein gotisches Kruzifix, ausdrucksvoller und innerlicher aufgefaßt. An den Außenseiten der Flügel ist keine Malerei mehr zu sehen, wie man erwarten sollte. Aber vielleicht sind die betreffenden Bildszenen entweder noch nicht fertig gewesen, als die Reformation kam, oder zerstört worden, wie in vielen Kirchen. Auf den Bildersturm deuten zwei Skulpturen rechts und links vom Kruzifix hin, die ursprünglich unmöglich hier gestanden haben können. Die eine stellt den vom Tode auferstandenen Christus dar, die andere die heilige Anna selbdritt. Beides scheinen die Hauptfiguren an zwei weiteren Altären gewesen zu sein, wahrscheinlich an einem Annen- und einem Sakraments- oder Fronleichnamsaltar. Diese Altäre haben wohl rechts und links von dem sogenannten Triumphbogen gestanden, der das Mittelschiff vom Presbyterium oder Chorraum scheidet. Die Nordseite des letzteren, über dem ehemaligen Sakramentsschränkchen, war vielleicht ähnlich wie in Mariendorf, Dahlem u.a. mit Malerei geziert, die jetzt verschwunden oder übertüncht ist.

Welches Patrozinium die Kirche hatte, d.h. welchem Heiligen sie geweiht und danach benannt war, ist nicht mehr bekannt. Aus den Figuren des Hochaltars zu schließen, dürfte sie nach einem Bischof genannt worden sein, wie etwa die alten Nikolaikirchen in Berlin, Treuenbrietzen, Jüterbog, Spandau, Brandenburg, Burg usw., oder nach der heiligen Katharina, wie die Pfarrkirchen von Brandenburg-Neustadt, Bornim u.a.

Wäre sie eine Marienkirche gewesen, so würde die Jungfrau Maria von den 12 Aposteln umgeben sein, wie noch auf den Flügelaltären der Marienkirchen zu Stendal, Bernau, Prenzlau u.a. zu sehen ist.

Die eine noch aus dem Mittelalter gerettete Glocke zeigt die vielfach vor der Reformation angewandte und bekannte Inschrift "o rex glorie Christe veni cum pace" in gotischen Minuskeln - "Oh König der Glorie (Herrlichkeit) Christe, komm (zu uns) mit (deinem) Frieden" - Im Gegensatz hierzu ist die andere Glocke aus der Neuzeit Bismarck geweiht, dessen Bild sie trägt.

Das Stahnsdorfer Gotteshaus stammt aus sehr früher Zeit, wahrscheinlich aus dem 12. Jahrhundert, wie die Kirchen von Dahlem, Mariendorf, Lankwitz, Mahlsdorf, Pechüle, Mörz, Lüsse bei Belzig usw. Als ursprünglich erscheint noch das romanische Südportal, das jedoch frühzeitig vermauert wurde, und die romanische Pforte zur Sakristei. Das jetzige Nordportal zeigt einen alten Spitzbogen, der vielleicht aus der ersten Hälfte des 13. Jahrhunderts stammt. Die Lichtgaden im Schiff, wie im Presbyterium, scheinen noch die ursprünglichen im romanischen Stile zu sein, mit Ausnahme des später verbreiterten Apsisfensters und eines gotischen Langfensters an der Südseite des Mittelschiffes.

Der Westgiebel hat die wehrhafte Form der Frühzeit, ohne Portal und Lichtgaden, zum Glockenturm erhöht; im Dreißigjährigen Krieg schwer mitgenommen, vielleicht von einer Kanonenkugel im oberen Teile gebrochen, ist er jetzt notdürftig durch Bretterverschalung und einen Holzaufbau vor Unwetter geschützt.

Die Bautechnik der Kirche weist ebenfalls ins 12. Jahrhundert. Wir sehen hier, wie in Dahlem, Mariendorf, Lankwitz, Mahlsdorf, Tempelhof, Pechüle, Mörz, Lüsse bei Belzig u.a., sorgfältig geschichtete Granitfindlinge, die mit Meißel und Picke bearbeitet worden sind. Die Apsis ist gewölbt, Presbyterium und Kirchenschiff aber nur mit Balkendecken versehen. Die Stahnsdorfer Kirche hat rechtsgeschichtlich den Charakter einer Mutterkirche zweiten Grades. Ihr großer Friedhof, von einer ursprünglich hohen Mauer in rohen Granitsteinen und Findlingen umgeben, wie die zu Ketzin, war dazu bestimmt, die Toten aus dem großen Kirchspiel aufzunehmen. Sie gehörte zum ursprünglichen Erzpriestersitz, dem ehemaligen Haupt- und Vorort des Landes oder Territoriums gleichen Namens, dessen Mutterkirche ersten Grades dem hl. Andreas, dem Bruder des Apostelfürsten Petrus, geweiht war. Es liegt daher nahe, die Gründung des Teltower Gotteshauses mit der Peterskirche in Berlin-Kölln in Parallele und gleiche Epoche zu setzen. Hier mag nur daran erinnert werden, daß dem Apostel Andreas, als dem Bruder Petri, wiederholt Kirchen im Blick auf nahegelegene Peterskirchen geweiht wurden. In der Teltower Andreaskirche versammelte sich die Geistlichkeit des Landes Teltow, das sogenannte Landkapitel oder die Kalandsbruderschaft des Teltower Großsprengels. Im späteren Mittelalter wurde oft (an vielen deutschen Orten nachweisbar) der alte Erzpriestersitz an die Kirche eines größeren oder besser geschützten, auch städtisch kultivierteren Nachbarortes übertragen. In unserem Falle ist dies Berlin-Kölln und Spandau, die sich wahrscheinlich mit Mittenwalde in das alte Teltower Territorium schon im 13. Jahrhundert geteilt haben, als die Askanier den Teltow in Besitz nahmen.

Die Ansiedlung Stahnsdorf war ursprünglich wendisch, wie noch 1299 ein „wendisches (slavicum) Stahnsdorf" neben dem (neueren) deutschen genannt wird (R., 205)[111]. Vielleicht trug es seinen Namen von dem hl. Stanislaus, als welchen wir dann

---

111 Schäfers Zitierweise für Riedel, *Urkundenbuch*

den Bischof des Hochaltars in der Pfarrkirche anzusprechen hätten. Er wurde ja von den Slawen sehr verehrt, wie ihm auch die im 12. Jahrhundert gegründete Prämonstratenserkirche zu Belbuck[112] geweiht war.

In welche Zeit die Mutterkirchen im Teltow zurückgehen, ist ungewiß. Wir können nur sagen, daß sie im 13. Jahrhundert da waren, und daß viele noch vorhandene Pfarrkirchen, unter ihnen auch die Stahnsdorfer, ihrer Bauart nach in eine ältere, die romanische, Zeit zurückweisen müssen. Nun wissen wir, daß der bekannte Gegner Albrechts des Bären und Verwandte des christlichen Hevellerfürsten Pribislav, Fürst Jakzo von Cöpenick, vor 1175 bereits Christ gewesen ist. Demnach wird in Cöpenick schon um 1150 auch eine Kirche bestanden haben.

Wir wissen weiter, daß schon ums Jahr 990 deutsche ritterliche Mannen im nördlichen Teile der Niederlausitz, also in der Gegend des Teltower Territoriums, ansässig gewesen sind. Wenigstens berichtet Thietmar [von Merseburg, d. Hrsg.] (4. 11), daß im genannten Jahre einer der Ritter im Heere des Kaisers, welches in der nördlichen Niederlausitz lagerte, in nächtlicher Stunde zu seinem benachbarten Gute gegangen sei. Auch diese deutschen christlichen Herren werden nicht ohne Kirchen oder Kapellen und Priester gelebt haben. Freilich sind über sie noch viele Stürme heidnischer Verfolgung und Kriege hinweggebraust.

Peter von Stahnsdorf,
der älteste ritterliche Akademiker des Teltow
Erschienen in: Potsdamer Tageszeitung, 13. Januar 1938

In der Potsdamer Tageszeitung vom 4. Januar wurde ein Teilbild der wertvollen Urkunde des Markgrafen Otto III. von 1264 gebracht und hervorgehoben, daß darin der „Pfarrer" Petrus

---

112 Kreis Greifenberg, Pommern, heute polnisch Białoboki, Stadtteil von Treptow an der Rega (poln. Trzebiatów)

von Stahnsdorf als einer der ersten bekanntgewordenen Pfarrer der deutschen Kolonisationszeit im Teltow erscheine. Diese Deutung ist vermutlich im Anschluß an W. Spatz, Der Teltow, 3. Teil, Berlin 1912, S. 270, erfolgt, der sich freilich vorsichtiger über den „wahrscheinlichen" Ortspfarrer von Stahnsdorf ausspricht.

Aber in Wirklichkeit handelt es sich hier nicht um einen Pfarrer von Stahnsdorf, sondern um einen vornehmen „Kleriker" Petrus, der in der Umgebung des Bischofs von Brandenburg tätig war und den Familiennamen „von Stahnsdorf" führte. Denn es heißt von ihm ausdrücklich „genannt von Stahnsdorf". Die Abkürzung des „clerics" ist auch nicht (wie bei Riedel und Krabbo) mit clerici sondern mit clericus aufzulösen. Wäre Petrus der Pfarrer von Stahnsdorf gewesen, so würden wir, wie in den bei Riedel (c, d 8) unmittelbar vorhergehenden und nachfolgenden zahlreichen Urkunden, nicht den untersten Weihetitel clericus, sondern die Amtsbezeichnung Pfarrer (plebanus) erwarten müssen. Da aber in den folgenden Jahren (1272 – 1282) wiederholt ein Petrus als Brandenburger Dompropst erscheint (Germania Sacra I, 115), dessen Familienname bisher unbekannt blieb, so besteht sogar die Möglichkeit, daß es sich um den gleichen Petrus von Stahnsdorf handelt, der in unserer Urkunde von 1264 beim Bischof, wahrscheinlich schon als dessen Sekretär („Klerk"), herausgehoben wird.

Derselbe Petrus von Stahnsdorf war aber auch, ebenso wie wir es von seinem Bischof wissen, mit der akademischen Magisterwürde bekleidet, die er damals nur auf einer ausländischen Universität erworben haben konnte. Dies spricht um jene Zeit für eine Herkunft von vornehmer Familie. Wenn es nun von ihm heißt „genannt von Stahnsdorf", ähnlich wie bei anderen märkischen Adligen jener Zeit (z.B. R. S. 170 „genannt von Wanzleben", „genannt von Stendal" usw. usw.)[113], so dür-

---

113 Das handschriftliche Manuskript des Artikels in einem Heft mit der handschriftlichen Aufschrift „Elisabeth Scheer – Häusliche Arbeiten" enthält weitere Urkundenfundstellen sowie zu

fen wir seine ritterliche Herkunft vermuten. Ließe sich demnach in diesem alten Orte mit seiner sehr frühen Mutterpfarrkirche ein ehemaliger Rittersitz wahrscheinlich machen, so können wir in dem bischöflichen Kleriker Peter von Stahnsdorf den ältesten und zugleich einzigen Vertreter dieser frühzeitig ausgegangenen Adelsfamilie ansprechen.

Im 15. Jahrhundert waren zwar schon die adligen von Hacke mit Stahnsdorf belehnt, aber im 14. Jahrhundert erscheint dort noch ein vornehmes Schulzengut von vier Freihufen. Wir werden nicht fehlgehen, wenn wir für das 13. Jahrhundert und früher eine deutsch-ritterliche Familie als Lehnsträger dieses Gutes und Inhaber der richterlichen Gewalt annehmen.

Dahingehend bleibt als erster nachweisbarer Pfarrer im Teltower Land nach wie vor der schon zum Jahre 1237 genannte „plebanus" Symeon von Kölln, dessen urkundliche Erwähnung (R 8, 154) bekanntlich den Anlaß zum 700jährigen Jubiläum des vergangenen Sommers gebildet hat.

Hat die christlich-deutsche Kultur der Mark einmal aufgehört? - Eine historische Richtigstellung
Erschienen in: Germania, Nr. 381, 17. August 1929

In vielen Artikeln und Abhandlungen zum 1000jährigen Jubiläum der Germanisierung des Havellandes durch König Heinrich und die Ottonen wird immer wieder auf den famosen Slawenaufstand des Jahres 983 hingewiesen, als ob durch denselben die christliche Kultur östlich der Elbe radikal vernichtet und erst im 12. Jahrhundert durch Albrecht den Bären von neuem gepflanzt worden sei: „Der große Aufstand von 983 vernichtete mit einem Schlage wieder die Herrschaft der Deutschen östlich

---

den Familiennamen die Anmerkung „W: dictus de Wanzleve, dictus de Stendale, dictus de Carpzowe etc., wo immer die betr. Adelsnamen jener Zeit gemeint sind", DAB V/30-7-1-33- Märkische Geschichte – Sammlung Manuskripte, Notizen II

der Elbe. Im Jahre 1000 war der Osten wieder frei und heidnisch".

Aber wie man bis vor kurzem die Franken in der sogenannten Völkerwanderung als Vernichter der angeblich spärlichen römisch-christlichen Kultur im Rheinland ansah und die Hessen vor Bonifatius als große Heiden betrachtete, bis durch scharfsinnige Forschungen der Fortbestand einer reichen römisch-christlichen Kultur in die Frankenzeit hinein und auch das vorbonifatianische Christentum der Hessen nachgewiesen und durch neueste Ausgrabungen bestätigt wurde, so bereitet sich ähnlich ein Umschwung in der Beurteilung des Slawenaufstandes von 983 vor.

Reichsarchivrat Dr. Schäfer schreibt in seiner soeben erschienen Festschrift „Potsdams tausendjährige Geschichte" (S. 36ff) gegenüber den Vertretern der Vernichtungstheorie (nämlich, daß die christliche Kultur östlich der Elbe im Jahre 983 durch den Slawenaufstand vernichtet worden sei):

„In Wirklichkeit wurde gerade im Jahre 1000 von Kaiser Otto III. am Grabe des heiligen Adalbert in Gnesen unter großen Feierlichkeiten ein Erzbistum errichtet, nachdem vorher schon, seit 968, die Bistümer Breslau, Kolberg, Krakau organisiert und zahlreiche Kirchen neu gegründet worden waren. Es ist nötig, daß sich jene Historiker an diese Tatsachen erinnern. Aber auch daran, daß der Führer des Slawenaufstandes, der Obodritenfürst Mistwoi, seinen katholischen Hofkaplan mit ins Feld gegen die Deutschen führte und selbst ein gläubiger Christ war, wie viele Männer seines Heeres, das durch eine himmlische Erscheinung Christi zur Rückkehr bewogen wurde. Das steht alles sehr deutlich bei Thietmar, dem Bischof von Merseburg, in der Chronik.

Die bisherige Behauptung, daß der Aufstand aus Haß gegen das Christentum gerichtet gewesen sei, wird hierdurch schon völlig widerlegt. Aber Thietmar von Merseburg, der intime Freund jenes fürstlichen Hofkaplans, versichert auch, daß sich die Christen selbst über den Aufstand gefreut hätten und daß der Übermut des Markgrafen Dietrich (nicht die Feindschaft gegen die Kirche) den Anlaß zum Aufstand gebildet habe. Durch den Aufstand haben nach Thietmars Bericht nur drei Kirchen erwähnenswerten Schaden gelitten: Das Laurentiusmünster zu Kalbe an der Milde wurde durch Feuer zerstört, was dem Obodritenfürst Mistwoi gegen Ende seines Lebens besondere Reue und Kummer bereitete; dem Havelberger Dom erging es ähnlich, wahrscheinlich infolge des Verzweiflungskampfes der deutschen Besatzung im nahen Reichskastell, von deren Untergang Thietmar bei dieser Gelegenheit erzählt.

Nach drei Tagen kamen die Aufständischen in aller Frühe nach Brandenburg vor die Domstadt, die sie erstürmten, wobei die Geistlichkeit gefangengenommen und die bischöfliche Kurie geplündert, aber nicht zerstört wurde. Der Petersdom blieb also bestehen, nur nistete sich nach Thietmars Darstellung im Dome (zeitweise) ein bunter häretischer (heidnischer) Kult ein. Aber Thietmar vergißt auch nicht die Tatsache, daß der Aufstand bald darauf von den deutschen Heeren völlig unterdrückt, die Rebellen in die Flucht geschlagen und diejenigen im Stiche gelassen wurden, welche in törichtem Unterfangen Gott verachtet und geschnitzte Götzenbilder ihrem Schöpfer vorgezogen hätten.

Daß im Brandenburger Dom zeitweise heidnischer Kult ausgeübt worden ist, geht auch aus Urkunden des 12. Jahrhunderts hervor. Aber solche Nachrichten sind nicht allzu tragisch zu nehmen. Denn noch 1187 mußten bei brandenburgischen Christen heidnische Mißbräuche und Götzenverehrung (idolorum cultura) bekämpft werden, und zehn Jahre später ist in Brandenburg von den Slawen die Rede, welche Feinde der Kirche (inimici christiani nominis) seien. Wir müssen immer mit Übertreibungen rechnen. Aber auch wenn sie wirklich stimmten, so haben wir uns daran zu erinnern, wie auch bei den Franken noch zeitweise heidnische Gottheiten in den Kirchen verehrt wurden, ohne daß das Volk im Ganzen deshalb als unbekehrte Heiden bezeichnet werden dürfte.

Wir haben noch weitere Anhaltspunkte dafür, daß der Brandenburger Petersdom das Jahr 983 überdauert hat: Kaiser Heinrich II. nahm ihn im Jahre 1010 durch ein besonderes Diplom in des Reiches Schutz, ebenso wie den damaligen Bischof Wigo. Wäre ferner die bischöfliche Kirche erst im Jahre 1165 wiederaufgerichtet worden, so hätte weder die Übersiedelung der Chorherren an den Dom unter Wibert im gleichen Jahre, noch auch die wiederholte Beschenkung der Kathedralkirche vor 1165 einen Sinn. Aber selbst die Brandenburger Bistumschronik bei Pukawa läßt im Jahre 1165 den Dom durch Bischof Wilmar nicht von Grund auf neu errichten, sondern nur umbauen und vollenden. Damit stimmt der Wortlaut aller Urkunden des 12. Jahrhunderts überein, die von einer Wiederherstellung (reedificatio) der stark mitgenommenen (pene annullata, diversis temptationibus siu molestata) Kathedralkirche sprechen..." (gekürzt)

Märkische Kirchenpatrozinien
Erschienen in: Märkische Volkszeitung Nr. 185, 6. Juli 1931

Unter Patrozinien versteht man nach dem schon im gesamten Mittelalter bezeugten Sprachgebrauch diejenigen Heiligen, deren Schutze, d.h. deren besondere Fürbitte ein Gotteshaus bei seiner Weihe anvertraut wurde, und zu deren Gedächtnis und Ehre die betreffende Kirche benannt worden ist, oder heißen sollte. Es ist deshalb der Begriff Patrozinium nicht mit dem sonst bekannteren Ausdruck Patronat zu verwechseln, der das Schutzverhältnis einer Kirche zu einer lebenden Person, einem Amt oder einer Korporation ausdrückt, und damit eine gewisse materielle Abhängigkeit bedingt.

Wie eine Kirche, so kann auch ein Altar oder eine Glocke ein bestimmtes Heiligenpatrozinium tragen, z.B. ein Katharinen-Altar, Sebastians,- Sigismunds-Altar, Annen-, Marien-Glocke u.a. Doch sind Altäre, wie Glocken, auch kleinere Kapellenstiftungen in der Regel private Gründungen, während die Errichtung und Weihe einer Pfarrkirche immer öffentlichen Rechtscharakter zeigt und deshalb für die Wahl des betreffenden Namensheiligen eine ganz andere, allgemein gültige Bedeutung und einen viel weiteren kulturgeschichtlichen Hintergrund besitzt.

Zur Feststellung des Patroziniums der einzelnen Kirchen müssen in erster Linie die Urkunden (Riedel usw.), dann die Chroniken (namentlich für die älteste Zeit Bischof Thietmar von Merseburg), ferner die Prokurationsregister und Visitationsberichte, nicht zuletzt die Kunstdenkmäler (z.B. für die Patrozinien der Godehardkirche in Brandenburg) herangezogen werden. Bisweilen gibt auch die Heraldik bestimmte Fingerzeige. So deutet die Lilie im Wappen der Stadt Kyritz auf das dortige Marienpatrozinium, wie die Schlüssel der Stadt Ketzin auf ihre Peterskirche. Man denke auch an das Lilienwappen von Paris und Florenz, von Warburg und Wetter, wo überall die älteste und Hauptkirche St. Marien geweiht war.

In vielen Fällen versagen aber alle diese Hilfsmittel, namentlich, wenn eine kleinere Ortschaft nur eine einzige Pfarrkirche besaß, die einem späteren Neubau weichen mußte, und wo ein großer Mangel an Urkunden herrscht, wie in Werder, Potsdam, Saarmund, Großkreutz und den meisten Pfarrdörfern. In diesem Falle gelingt es manchmal aus anderer Überlieferung, namentlich aus der traditionellen Benennung von Kirchengrundstücken den Namen des betreffenden Gotteshauses zu erforschen, so aus dem Marienholz für Großkreutz, dem Marienhorn und der Frauenlanke für Werder, dem Katharinenholz für Bornim, aus den Marienaltären für Potsdam und Saarmund das verdunkelte oder vergessene Kirchenpatrozinium wieder aufzuhellen. Glockeninschriften sind nur mit Vorsicht heranzuziehen. Sie zeigen wohl, daß die auf ihnen genannten Heiligen liturgisch verehrt wurden, wie z.B. die heilige Trinität auf einer Glocke von Diesdorf vom Jahre 1104, St. Marien auf einer Glocke von Drohndorf im Kreise Bernburg vom Jahre 1098, die St. Annenglocke mit Anrufung dieser Heiligen auf einer Glocke von 1299 zu Allenz (im Kreise Mayen); die Glockenheiligen beweisen aber keineswegs immer, daß die betreffende Kirche das gleiche Patrozinium hatte.

Bei den Urkunden, welche vom Bau einer Kirche oder der Fundierung eines Altares sprechen, muß immer scharf zugesehen werden, ob es eine Neuerrichtung oder eine Wiederfundierung gewesen ist. So wird z.B. in Potsdam ums Jahr 1465 der bereits bestehende Heiligkreuzaltar vom Stadtrat neu dotiert (Sello S. 189ff.). Es ist demnach ein Irrtum, von der Stiftung des Kreuzaltares im Jahre 1465 zu sprechen, wie es Sello tut. Ebenso ist es unzulässig, die Grundsteinlegung des heutigen Brandenburger Domes ins Jahr 1165 zu setzen, obwohl bereits vorher nicht nur Gottesdienste im Dom nachweisbar sind, sondern auch das Domkapitel bei demselben bezeugt ist.

Ein ferner liegendes Beispiel dürfte lehrreich sein: Von der früheren Mainzer St. Albanskirche wird in verschiedenen Jahrhunderten berichtet, daß sie damals erbaut worden sei. So nahmen manche an, sie sei im 9. oder 10. Jahrhundert entstanden, bis man Urkunden aus dem 8. Jahrhundert fand, und in neuerer Zeit die römisch-christlichen Grabdenkmäler, durch die ihre Entstehung in weit früherer Zeit bewiesen wird.

Die Architektur eines Gotteshauses läßt nur dann Schlüsse auf dessen Entstehung zu, wenn kein völliger Neu- oder Umbau stattgefunden hat und wenigstens charakteristische Architekturteile des ursprünglichen Baues noch erhalten sind, wie z.B. bei der Brandenburger Nikolai- oder Dahlemer Annenkirche.

Wir wenden uns nach diesen Vorbemerkungen der Erforschung unserer alten märkischen Kirchenheiligen zu.

Beginnen wir mit einer Untersuchung der Patrozinien bei den märkischen Pfarrkirchen ersten Grades oder Erzpriestersitzen. Letztere sind nicht immer zweifelsfrei bekannt. So wissen wir von vornherein nicht, welches die Mutterkirche von Berlin gewesen ist, ob St. Marien auf dem Neuen Markt oder St. Nikolai am Molkenmarkt, obwohl man bisher immer die Nikolaikirche dafür angesprochen hat, ähnlich wie die Nikolaikirche in Spandau.

Zuvor eine notwendige rechtliche Feststellung: Den Pfarrcharakter einer Kirche können wir meist unmittelbar aus den Urkunden entnehmen, insofern sie diesen offiziellen Titel führt. Wenn daher Walter Endland in seiner neuen *Kirchengeschichte Berlins* (S. 25f.) erklärt, daß Berlin im Mittelalter mit Kölln zu einer „Parochie" zusammengefaßt sei, so ist dies insofern ein Irrtum, als, schon im 13. Jahrhundert nachweisbar und bis zur Reformation dauernd, Berlin-Kölln in drei Parochien oder Kirchspiele mit genauer Abtrennung und drei Pfarrgeistlichkeiten eingeteilt war, wozu noch seit 1454 als vierte (Personal-) Pfarrei die Schloßkapelle kam. Als „Parochial"-Kirche (ecclesia parochialis) von Berlin ist St. Marien im Jahre 1300 (R. 11, 207), St. Nikolai 1264, beide Kirchen 1292 und 1294 urkundlich bezeugt, St. Peter in Kölln schon 1238 durch seinen Pfarrer Simeon. Der Berliner Propst vereinigte durch offizielle Personalunion seit 1319 bloß gewisse Berechtigungen aus den beiden Mutterkirchen in Kölln und Berlin und einer Berliner Filialpfarrkirche.

In Zweifelsfällen können wir den Pfarrcharakter einer Kirche an ihrem Friedhof und dem Taufstein erkennen. Denn Beerdigungs- und Taufrecht waren wesentliche Eigenschaften einer Pfarrkirche.

Daß eine Pfarrkirche Erzpriestersitz und daher Mutterkirche ersten Grades gewesen ist, entnehmen wir entweder unmittelbar aus den Urkunden, wie bei der Marienkirche zu Burg, oder aus den späteren Prokurationsregistern, die nach Erzpriestersitzen eingeteilt sind, oder wo diese fehlen, können wir es für das frühe Mittelalter an der zentralen Lage und Bedeutung des betreffenden Ortes innerhalb eines nach ihm benannten Territoriums abnehmen, wie Teltow, Ruppin, Loburg, Bernau. Dazu kommt dann noch ein wichtiges Merkmal in dem Sitze der Kalandsbruderschaften. Diese waren ursprünglich und lange Zeit hindurch Vereinigungen der Geistlichkeit innerhalb eines Erzpriesterkirchspiels, und zwar am Sitze des Erzpriesters in der betreffenden Kirche. Oft gibt auch die Lage der Lateinschule einen Fingerzeig für den Muttercharakter eines Gotteshauses, da schon in der vorkarolingischen Zeit und seitdem immer wieder in den Erlassen der Synoden und Bischöfe bei jeder selbständigen, kanonisch geordneten Pfarrkirche eine Schule von der Geistlichkeit einzurichten und zu unterhalten war. Es ist deshalb z.b. rechtsgeschichtlich wichtig, daß bei der Marienkirche in Berlin ebenso wie in Treuenbrietzen usw., und bei den Laurentiuskirchen in Havelberg, Loburg, Köpenick Lateinschulen vorhanden waren.

Als Erzpriestersitze sind bereits 1136 urkundlich bezeugt Burg und Brandenburg. In Burg war St. Marien die Mutterkirche. In Brandenburg sind außer dem im Jahre 948 gegründeten Petersdom für das Jahr 1161 St. Godehard, für 1166 St. Marien auf dem Harlungerberg als altbestehend urkundlich zweifelsfrei vorhanden (R 8, 104, 107). Herr Dr. Peter (S. 23) hat die Marienkirche irrtümlich erst für 1179 belegt. Welches aber ist die ältere Mutterkirche? St. Godehard war zwar noch dem Apostel Matthias (von Peter übersehen) und dem ältesten Kölner Bischof Maternus geweiht, nach den drei noch jetzt erhaltenen Altarstandbildern und nach einer alten Inschrift an der Westwand (K.D. 2,3 S. 1). Doch ist kein Anlaß vorhanden, eine spätere Umnennung, etwa ums Jahr 1140 anzunehmen. Da aber Godehard erst im Jahre 1131 kanonisiert wurde, so scheint seine Kirche erst nach diesem Jahre errichtet worden zu sein.

Anders verhält es sich mit der Marienkirche auf dem Harlungerberg. Sie wird 1166 schon als altbestehend genannt und im Besitze des Zehntrechts (R 8, 107, 109). Ihr Pfarrcharakter steht auch durch den Titel des Geistlichen (plebanus) fest. Wir haben dabei noch eine Möglichkeit, zu entscheiden, ob sie oder St. Godehard die Mutterkirche gewesen ist. Es ist bekannt, daß zu einsam gelegenen Mutterkirchen noch im späten Mittelalter die ehedem dazugehörigen Pfarreien alljährlich Prozessionen unternahmen. So die Stadt-Warburger Pfarreien zur ehemaligen Peterskirche auf dem Güffert, und in Oberhessen die umliegenden Kirchspiele zur Bergkirche St. Martin mitten im Burgwald (W. Jahrb. 204). In ähnlicher Weise ist im Mittelalter eine Verpflichtung nicht nur der Brandenburger Stadtpfarreien, sondern auch der Domgeistlichkeit zur Prozession auf den Marienberg bezeugt (R 8, 43. 410 von 1440).

Als Mutterkirchen müssen wir demnach ansprechen, unter den oben angegebenen Gesichtspunkten die Marienkirche zu 1. Brandenburg (vor 1166), 2. der Havelberger Mariendom (gegründet 948), 3. die Marienkirche in Burg (als Erzpriestersitz genannt 1136, muß aber vor das Jahr 948 zurückgehen, vgl. W. Jahrb. S. 187). 4. Treuenbrietzen (Erzpriestersitz, vgl. Schäfer, Das 1000jährige Treuenbrietzen, S. 9ff.). 5. Belzig (Erzpriestersitz, 997 als Burgwardie an den Magdeburger Dom, Marienkirche mit frühromanischen Bauteilen). 6. Marienburg-Jerichow (Erzpriestersitz, 948 bzw. 1144 die Kirche vorhanden, vgl. W. Jahrb. S. 187; R 3, 83f; Winter, Prämonstratenser 351). 7. Jüterbog (die Marienkirche am Dammtor vor 1170 bestehend und Erzpriestersitz i. W. Jahrb. 186). 8. Beelitz (Erzpriestersitz, Marienkirche um 1240 altbestehend); 9. Rathenow (Erzpriestersitz, romanische Marienkirche, ebd. S. 192, 65a, die älteren Teile des heutigen Baues aus dem 12. Jahrhundert); 10. Spandau (Erzpriestersitz, zum ersten Male 1251 genannt, nicht erst 1286, wie Dr. Peter angibt. Vgl. W. Jahrb. S. 187); 11. Bernau (Erzpriestersitz, Marienkirche, der Ort schon im 12. Jahrhundert bedeutend: F.B.P.G. 14 S. 22).

Das um 1140 gegründete Leitzkauer Marienstift erhielt zwar ums Jahr 1150 die erzpriesterliche Aufsicht über die Kirchen im Umkreis, aber die ältere dortige Peterskirche behielt doch die Pfarreigenschaft (R 10, 71, 24, 323, v. Mülverstedt 1425. 1529) und lag im Territorium von Loburg, an dessen Mutterkirche sich mit dem Rolande auch der Leitzkauer Seelsorger zu versammeln pflegte; ferner sind als Mutterkirchen anzusehen die Laurentiuskirchen in 1. Loburg (Territorium, dessen Filia Dalchow schon 1161 eine Pfarrkirche besaß (R 8, 104); 2. Havelberg (Kirchhof und Schule); 3. Köpenick; 4. Mittenwalde; dann die Bartholomäuskirche in Zerbst (1308 zum Kollegiatsstift erhoben, R 9, 189, 205; 8, 242), sonst keine Kirche, nur Altäre, ferner St. Andreas in Teltow (Kaland: R 11, 211).

Ob die alte Jakobspfarrkirche in Nauen als ursprünglicher Erzpriestersitz anzusehen ist, oder eine dort im 14. Jahrhundert genannte und später verschwundene Marienkirche, bleibt vorläufig unentschieden. In dem Vorort Neumarkt von Jüterbog steht heute noch eine romanische Jakobs-Pfarrkirche zweiten Grades; beachtlich ist, daß auch in Stettin ums Jahr 1180 eine Jakobipfarrkirche entstand, ähnlich in Perleberg und Prenzlau (um 1250 genannt), in Greifswald und Stralsund im Bistum Kammin. Dagegen sind die Jakobskapellen in Kremmen und Brandenburg-Neustadt wie in Burg (R 10, 464) späteren Datums und ohne Pfarrwürde.

Von den märkischen Peterskirchen reicht der Brandenburger Dom ins Jahr 948 zurück, die Pfarrkirche im Dorfe Leitzkau in den Beginn des 12. Jahrhunderts, ins 12. Jahrhundert ist auch die Brandenburger Peterskapelle neben dem Petersdom zu setzen. Sie war Personalpfarre für die dem Markgrafen gehörende Hälfte der Dom- und Inselburg, ähnlich wie in Köln neben dem Peters- und Mariendom eine Personalpfarrkirche St. Marien in Pesch nachweisbar ist. Auch die Peterskirchen in Wusterhausen a. Dosse und Ketzin sind nicht Mutterkirchen ersten Grades, keine Erzpriestersitze. Dasselbe ist von der Berlin-Köllner Peterskirche zu sagen, die seit 1282 in den Urkunden bezeugt wird.

Fassen wir das bisherige Ergebnis kurz zusammen, so sehen wir, daß zehn märkische Erzpriesterkirchen mit Sicherheit als Marienpatrozinien nachweisbar sind; von ihnen gehen urkundlich der Havelberger Dom, die Mutterkirche der Stadt Burg, die Kirche der Marienburg bei Jerichow ins 10. Jahrhundert zurück; die Marienkirche von Brandenburg wahrscheinlich ebenfalls; die Mutterkirche von Belzig, das 997 an den Magdeburger Dom kam, desgleichen; die Marienkirche von Jüterbog ist um 1170 als altbestehend bezeugt, die von Jerichow schon 1144, die von Treuenbrietzen, Beelitz, Spandau, Rathenow sind in der romanischen Bauepoche vorhanden.

Als Pfarrkirchen 2. Grades, also nicht als Erzpriestersitze, sind die Marienkirchen von Groß-Kreutz, Werder, Saarmund mit Wahrscheinlichkeit, eine größere Anzahl von Havelländischen Dorfpfarrkirchen, deren Patrozinium nicht mehr bekannt ist, urkundlich im 12. Jahrhundert vorhanden (Plötzin, Markau, Netzen, Deetz, Niebade, Göhlitz, Zachow, Thure). Demgemäß müssen auch unter diesem Gesichtspunkt die Erzpriesterkirchen in eine ältere Epoche zurückgehen.

Von den Laurentiuskirchen können wir die von Kalbe und die von Magdeburg für das 10. Jahrhundert nachweisen, die von Loburg muß vor dem 12. Jahrhundert liegen, von den Peterskirchen mit Sicherheit nur den Brandenburger Dom für 948, die Leitzkauer Filialpfarrkirche für den Anfang des 12. Jahrhunderts; für die vom hl. Otto zu Pyritz in Pommern errichtete Peter- und Paulskirche steht das Jahr 1124 fest; von den übrigen vermögen wir nur zu sagen, daß sie im 13. Jahrhundert vorhanden waren.

Die Nikolaikirchen erweisen sich als Filialen älterer Gotteshäuser, und zwar entstehen sie im 12. und 13. Jahrhundert. Die nachweisbar älteste ist das Nikolaistift in Jerichow vom Jahre 1150, die Brandenburger, Jüterboger und Burger sind urkundlich um 1170 entstanden, die Treuenbrietzener weist durch ihren romanischen Baustil in ähnliche Zeit, die Spandauer ist um 1240 bezeugt.

Wie steht es nun mit dem bisher von den märkischen Geschichtsforschern behaupteten Vorrang der Berliner Nikolaikirche?

Der Propsteicharakter ist ihr erst nach Einführung der Joachimschen Reformation erteilt worden. Berlin hatte aber schon um 1230 einen Propst, d.h. es besaß eine Mutterkirche. Die Marienkirche liegt an dem von jeher so benannten Neuen Markte, also ursprünglich wohl außerhalb der slawischen Siedlung des ältesten Berlin, wie der Neumarkt am Nordtore von Jüterbog schon im 12. Jahrhundert diesen Namen trug und seine Pfarrkirche aus dem 12. Jahrhundert stammt, wie die dortige Marienkirche vor dem südlichen Dammtore liegt und die Mutterkirche der im Inneren der Stadt gelegenen Nikolaikirche ist. Bei der Berliner Marienkirche war ferner nicht nur eine mittelalterliche Lateinschule, sondern auch der Kalandshof der Geistlichkeit des zugehörigen Erzpriester- oder propsteilichen Sprengels.

Autor und Herausgeber:

Thomas Marin, Jahrgang 1965, wuchs in Stahnsdorf auf und lebt hier. Der katholische Diakon ist Gefängnisseelsorger an der Jugendstrafanstalt Berlin und der JVA Plötzensee. Seit 2006 hat er verschiedene Arbeiten, u.a. zu regionalhistorischen Themen, veröffentlicht.

Frühere Veröffentlichungen (Auswahl):

Theodor Groppe - der "Schwarze General": Ein katholischer Soldat im Kampf für Recht und Sitte (Hrsg.), Gerhard Hess-Verlag, Bad Schussenried 2008, ISBN 978-3-87336-909-2

Ruheplatz im Grünen: Pflanzenwelt, Gartengestaltung und Naturforscher auf dem Südwestkirchhof in Stahnsdorf (Hrsg.), BoD, Norderstedt 2009, ISBN 978-3-8370-6716-3

Babelsberger Katholiken in der DDR (Hrsg.), BoD, Norderstedt 2013, ISBN 978-3-7322-8907-3

Jailbirds Blicke zum Himmel über dem Knast, Rombach, Freiburg 2014, ISBN 978-3-7930-9765-5

Bildnachweis:
© Thomas Marin
außer:
Peter Reichelt, Stahnsdorf, S. 31 + 34
Wikipedia commons, S. 54 + 70